编委会

主　任：赵　金
副主任：罗　杰　金　越
主　编：许秋芳
副主编：徐　蓓
编委会成员：吴　镝　周　卉　杨　芸　李裔群
　　　　　　张园园　孟德宏　郑姗姗

中共云南省委宣传部 ◎ 编

西南联大

云南出版集团
云南人民出版社

图书在版编目（CIP）数据

西南联大 / 中共云南省委宣传部编. -- 昆明：云南人民出版社，2018.12（2022.1重印）
ISBN 978-7-222-17594-5

Ⅰ．①西… Ⅱ．①中… Ⅲ．①西南联合大学—校史 Ⅳ．①G649.287.41

中国版本图书馆CIP数据核字(2018)第269680号

出 品 人：赵石定
责任编辑：刘　焰　姚实名
装帧设计：马　滨　杨晓东
责任校对：董郎文清
责任印制：窦雪松

XI'NAN LIANDA

西南联大

中共云南省委宣传部　编

出版	云南出版集团　云南人民出版社
发行	云南人民出版社
社址	昆明市环城西路609号
邮编	650034
网址	www.ynpph.com.cn
E-mail	ynrms@sina.com
开本	720mm×1010mm　1/16
印张	20.25
字数	290千
版次	2018年12月第1版第1次印刷　2022年1月第1版第2次印刷
印刷	云南出版印刷集团有限责任公司华印分公司
书号	ISBN 978-7-222-17594-5
定价	79.00元

如需购买图书、反馈意见，请与我社联系

总编室：0871-64109126　发行部：0871-64108507　审校部：0871-64164626　印制部：0871-64191534

版权所有　侵权必究　印装差错　负责调换

云南人民出版社微信公众号

前 言

2018年是西南联大在昆明建校80周年。1937年,抗日的烽火燃遍中华大地。在民族危难之际,为传承中华传统文化、保留读书种子,北京大学、清华大学、南开大学的先辈们"辞却了五朝宫阙",在国难中辗转流离,于长沙合组国立长沙临时大学。"暂驻足,衡山湘水,又成离别。"翌年,开启了迁徙昆明、合组西南联合大学的三路教育长征之旅。西南联合大学在滇8年,8000师生恪守"刚毅坚卓"的校训,以"多难殷忧新国运,动心忍性希前哲"的高尚情怀,勠力同心、共济时艰,结茅立舍、传薪播火,更有800多名师生投笔从戎,抗战救国,舍命疆场,与民族的崛起、国家的富强如影随形。国立西南联合大学走出了2位诺贝尔奖得主、5位国家最高科学技术奖获得者、8位"两弹一星"元勋、9位党和国家领导人、173位两院院士、100多位名师巨匠等一大批享誉世界的栋梁之才,书写了一个时代的传奇。多年来,国家和云南省委、省政府高度重视西南联大历史遗迹保护,全力推进"西南联大历史文化遗产保护和传承弘扬工程",西南联大旧址年平均参观人数达30余万人次,成为云南乃至全国珍贵的历史文化名片。

深入挖掘西南联大历史文化之源,传承弘扬好西南联大精神,寄托着党和国家领导人的殷切期盼,也是云南义不容辞的责任和使命!以西南联大在昆建校80周年为契机,中共云南省委宣传部推出5集纪录片《西南联大》,每集52分钟。第一集《八音合奏》以时任清华、北大、南开校长的梅贻琦、蒋梦麟、张伯苓为线索,描绘了西南联大初创时期三校通力合作,辗转办学的情形;第二集以西南联大的校训"刚毅坚卓"为题,讲述了战乱中衣冠南渡、苦中作乐的大师们的故事;第三集《大学之大》则从学生的视角切入,回忆了当时的大学教育与大师风采;第四集《火的洗礼》着重呈现战火纷飞中的联大师生艰难治学却又洒脱蜕变的经历;第五集《嘉荫长留》追述了联大与云南的关系,并挖掘了联大在滇办学之举对当地教育以及文化事业的深远影响。影片拍摄遍及中国、美国、英国等国家和地区,对史料的搜集和口述历史的记录堪称"抢救式"的:片中出现的历史图片,有数十张为首次面世。接受采访的17位西南联大学子中最年轻的已年满89岁、最年长者刚满百岁,节目还没播出,受访者中已有两位去世了;这意味着,他们不仅是在追忆历史,他们的回忆本身也将成为历史。影片在中央电视台和腾讯视频播出以后引起强烈反响和共鸣,得到了社会各界的广泛关注和高度赞誉,创造了2018年历史类纪录片最好的播出成绩。

西南联大的历史丰富而厚重,杰出的师生灿若星河,远非五集的纪录片所能穷尽。再者,由于纪录片必须从结构、节奏、影像资源等多方面的因素来考虑,在内容的选择上难免受到掣肘,许多精彩的内容也只有无奈舍弃。即使是最新拍摄到的西南联大众多校友的口述,也因为篇幅的限制,只能精选极少部分在片中使用。而本书的出版,正是在五集纪录片《西南联大》文稿的基础上,增加了大量的口述内容、独家采访和图片,由此丰富了许多细节。同时,读者可以通过手机扫描每章前的二维码直接观看纪录片,让观看视频与阅读文本完美结合,从而带来全新的阅读体验,这些努力在一定程度上弥补了我们的遗憾。我们希望本书的出版能为海内外各界人士了解、研究西南联大提供帮助,诚请读者朋友赐教指正,或提供线索以便有机会时补充完善。

谨以此书献给国立西南联合大学在昆明建校80周年。

中共云南省委宣传部
2018年12月

目录
CONTENTS

第一章　八音合奏 // 001

五集纪录片《西南联大》
第一集　八音合奏

第二章　刚毅坚卓 // 069

五集纪录片《西南联大》
第二集　刚毅坚卓

第三章　大学之大 // 135

五集纪录片《西南联大》
第三集　大学之大

第四章　火的洗礼 // 201

五集纪录片《西南联大》
第四集　火的洗礼

第五章　嘉荫长留 // 249

五集纪录片《西南联大》
第五集　嘉荫长留

迢迢长路去联合大学（后记） // 312

五集纪录片《西南联大》

扫码观看纪录片
《西南联大》第一集

第一章 八音合奏

【蒋梦麟《西潮》】

我出生在一个小村庄里的小康之家。

现代发明的锋芒还没有到达乡村,因此这些乡村也就像五百年前一样保守、原始、宁静。但是乡下人不闲。农人忙着耕耘、播种、收获;渔人得在运河里撒网捕鱼;女人得纺织缝补;商人忙着买卖;工匠们忙着制作精巧的成品;读书人则高声诵读,默记"四书""五经",然后参加科举。

中国有成千上万这样的村落。因为地形或气候的关系,村庄大小和生活习惯可能稍有不同,但是使他们聚居在一起的传统、家族关系和行业却大致相同。共同的文字、共同的生活理想、共同的文化和共同的科举制度则使整个国家结为一体而成为大家所知道的中华帝国。

1889 年，蒋梦麟刚满 3 岁，生活在距离杭州湾 20 里的余姚蒋村。

这一年，绍兴人蔡元培考中了举人。与他同年中举的，还有广东新会人梁启超。

这一年，天津人严修 29 岁，在北京的翰林院中编修史书。

这一年，位于天津城东八里的北洋水师学堂，招收了一个 13 岁的高个子男生，他的入学登记名字是张伯苓。这个学校的总教习，是毕业于英国格林尼治海军大学的严复。

青年蔡元培画像

北洋水师学堂总教习严复

这一年快结束的时候，12月29日，天津一户姓梅的诗书人家，诞生了一个男孩，取名梅贻琦，字月涵。

1889年，光绪皇帝治下的中国，没有大事发生。

中国大学教育的先驱和精英们，此时仍在沿着各自的人生轨道前行。他们终将汇集在一起，共同书写中国教育史上的一段传奇。

校常委、北京大学校长蒋梦麟

【蒋梦麟《西潮》】

我在六岁时进家塾,一般小孩子差不多都在这个年岁"启蒙"的。

我的童年教育可以说主要是记忆工作,幸而我生长在乡村,可以从大自然获得不少的知识和启发。

由此可见我的童年教育共有三个来源:第一是在私塾里念的古书,来自古书的知识,一方面是立身处世的指针,另一方面也成为后来研究现代社会科学的基础。第二个知识来源是听故事,这使我在欣赏现代文学方面奠立了基础。第三个知识来源是对自然的粗浅研究,不过这种粗浅研究的根基却可以移接现代科学的幼苗。

北洋水师学堂服装

与蒋梦麟的经历不同,当张伯苓来到北洋水师学堂,发现这里与家乡的私塾大不一样:水师学堂借鉴英国海军学校课程,老师用英语上课,还有一门新奇的课程叫体育,教授拳击、击剑、球类。

1894年,甲午海战爆发,北洋海军全军覆没,没有留一艘军舰供张伯苓和他的同学们实习。

1895年春节之后,张伯苓接到通知去停泊在山东威海的"通济"轮上报到。那时,威海卫已被日本占领。

校常委、南开大学校长张伯苓

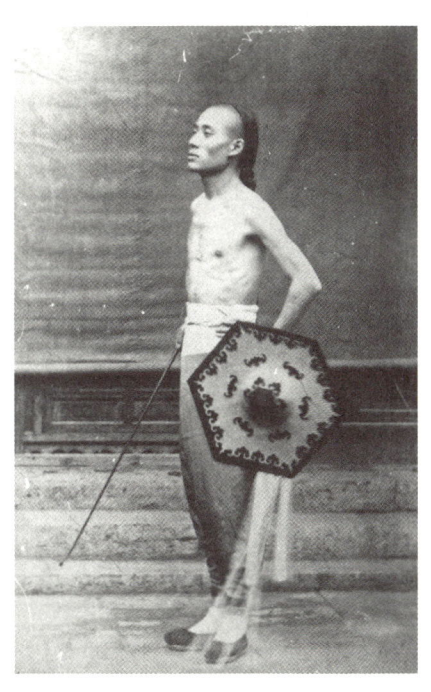
张伯苓在北洋水师学堂,准备上击剑课

【张伯苓自述】

英国人继德、俄之后,强租我威海卫,清廷力不能拒,允之。威海卫于甲午战时,为日本人所占据,至是交换。政府派"通济"舰前往接收,移交英国。

其时,苓适毕业于北洋水师学堂,在"通济"轮上服务,亲身参与其事。目睹国帜三易,悲愤

威海卫码头

西南联大

填胸,深受刺激!念国家积弱至此,苟不自强,奚以图存?而自强之道,端在教育:创办新教育,造就新人才。及苓将终身从事教育之救国志愿,即肇始于此时。

张伯苓与严氏家馆的学童

中年严修画像

严修、张伯苓同赴美国考察，他们志同道合，揭开了中国近代教育史的新的一页

张伯苓脱下海军军服，回到天津。

比他早些回到天津的，是辞官离开京城翰林院的严修。他在家中开设"严氏家馆"，教其子侄。

这一天，"严氏家馆"的大门打开，迎来家塾主讲张伯苓。从此，家馆有了体育课和英语课。

1904年，严氏家馆招收了一名新学生：梅家长子梅贻琦。

1907年,学校由严宅迁到新的地址,天津城西南的南开洼。梅贻琦有了自己的新学校,南开中学堂。学堂入口处有一面镜子,上有严修书写的箴言:"面必净,发必理,衣必整,纽必结;头容正,肩容平,胸容宽,背容直。气象:勿傲,勿暴,勿怠。颜色:宜和,宜静,宜庄。"

1907年夏天,梅贻琦从南开中学堂丙班毕业。他的名字被刻在校门前纪念碑的首位,因为,他是以第一名的成绩毕业的。

梅贻琦中学毕业的时候,在上海就读南洋公学的蒋梦麟第一次跨出国门,来到日本游历。

1905年,日军军官庆祝击败俄国军舰(前排左五为日军统帅乃木希典)

1905年，日军军官在大连旅顺港查看被击沉的俄国军舰队

旅顺港湾中被日军击沉的俄国军舰

【蒋梦麟《西潮》】

　　在南洋公学读书的时候，清廷终于在1905年采取了教育改革的重要步骤，毅然宣布废止科举。代替科举的是抄袭日本的一整套新教育制度。

　　我到上野公园的展览会参观了好几十趟，对日本的工业发展印象很深。在一个展览战利品的战绩博物馆里，看到甲午战争中俘获的中国军旗、军服和武器，简直使我惭愧得无地自容。夜间整个公园被几万盏电灯照耀得如同白昼，兴高采烈的日本人提着灯笼在公园中游行，高呼万岁。

　　两年前，他们陶醉于对俄国的胜利，至今犹狂喜不已。我孤零零地站在一个假山顶上望着游行的队伍，触景生情，不禁泫然涕下。

1900年，八国联军进入紫禁城

1908年夏天,蒋梦麟参加了浙江省官费留美考试,获得录取,前往美国加利福尼亚深造。

正是在这一年,美国人决定将1900年八国联军侵华战争中分得"赔款"的一部分"退还"中国,用作向美国派遣留学生的经费。1900年是中国的庚子年,因此这笔赔款被称为"庚子赔款"。

1909年8月,"游美学务处临时办公处"在北京史家胡同设立,招考首批直接留美生。这个"游美学务处",正是清华大学的前身。

《辛丑条约》签字现场

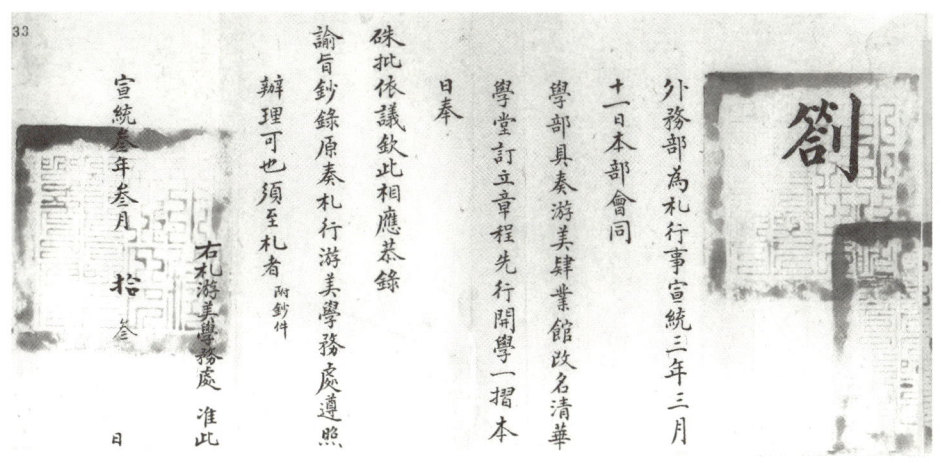

游美学务处改名为清华学堂

西南联大

【徐若陶自述】

投考者有 700 多人,经过几项考试,一次一次地淘汰,末了剩下 47 个人。

我记得我在看榜的时候,看见一位不慌不忙、不喜不忧的也在那儿看榜,我当时看他那种从容不迫的态度,觉察不出他是否考取。后来在船上看见了,经彼此介绍,原来就是现在的梅先生。梅先生不喜说话,谈话时却和蔼可亲,人称之为"寡言君子"。

【梅贻琦自述】

琦自 1909 年(宣统元年)应母校第一次留美考试,被派赴美,自此即与清华发生关系,即受清华之多方培植,从未间断。所谓"生斯长斯,吾爱吾庐"之喻,琦于清华,正复如之。

梅贻琦留美时期照片

1909 年，蒋梦麟进入美国加州大学农学院学习。

【蒋梦麟《西潮》】

　　一天清早，我正预备到农场看挤奶牛的情形，路上碰到一群蹦蹦跳跳的小孩子去上学，我忽然想起：我在这里研究如何培育动物和植物，为什么不研究研究如何培育人才呢？

　　农场不去了，一直跑到蒲吉利的山头，坐在一棵古橡树下，凝望着旭日照耀下的旧金山和金门港口的美景。脑子里思潮起伏，细数着中国历代兴衰的前因后果。

　　忽然之间，眼前恍惚有一群天真烂漫的小孩，像凌波仙子一样从海湾的波涛中涌出，要求我给他们读书的学校。于是我毅然决定转到社会科学院，选教育为主科。

胡适等人与杜威。前左起：史量才、杜威夫人、杜威。后左起：胡适、蒋梦麟、陶行知、张作平

1912年，蒋梦麟结束加州大学的本科学业，赴纽约入哥伦比亚大学攻读教育学博士。他在这里遇到胡适，清华学堂第二批"庚款留美生"。他们在将来会成为同事，不过那时他们共同的身份是约翰·杜威的学生。

【采访哥伦比亚大学中国教育中心副主任 程贺南】

他们这些人有一个共同点，就是都受到杜威先生非常现代有影响的实用主义哲学，也可以翻译成实验主义的教育哲学的影响。

杜威的名言就是"教育即生活，教育即社会"。教育它不是在一个真空的环境里存在着，学生、老师——包括所有的教育工作者，他们就像是生物体，生活在一个自然的环境里，不断地要跟周围的外界发生关系，要去受到影响，然后同时去进行一些反馈。

杜威的理论受达尔文的影响非常深刻。因为我们知道进化论的观点是，你作为一个生物的个体，不是跟外界隔绝开的，需要不断跟外界做交流，然后为了适应外界做出一些调整和反应。那么杜威就觉得，我们这个教育，是要反映出我们所处的这个社会，是要服务于那个社会，能够在社会上运用、能够得到实践。否则的话,教育也就失去了它的意义。

1917年,杜威博士又多了一名中国学生。41岁的张伯苓辞去天津南开中学校长职务,赴美考察私立大学,研修心理学、教育行政学、近代教育史。他希望在天津亲手创办一所私立大学,与欧美的著名大学一较高下。

【采访哥伦比亚大学中国教育中心副主任 程贺南】

　　对于张伯苓的情况,他是跟当时其他中国留学生有些不太一样的。首先从年龄上来讲,他比胡适这些人都要年长许多,他来哥大教育学院访学的时候已经41岁了,而且他那个时候已经在中国做了很多事情。但是当时,他之所以暂时先抛开了中国的这些事务到美国来,他就是想来充电,来了解美国的一些能够启发影响他的思想。
　　我觉得他可以说是达到了预期目的。因为他当时在教育学院虽然只有两年的时间,但他的学习是很有针对性的,就是研究如何去改革中国的教育体系。这也是为什么他做了很多调研,他去了很多地方做调研。

张伯苓到纽约的时候,蒋梦麟获得教育学博士学位回国,张伯苓的南开弟子梅贻琦已经回国在清华任教两年。20世纪初的欧美大学校园里,来来去去的中国学生逐渐多了起来。

【采访哈佛燕京学社社长 裴宜理】

　　他们同时接受了中国和西方的教育,包括美国和欧洲。这对于培养他们成为真正具有国际视野的知识分子至关重要。因此,这些学者很特别。他们精通汉学和中国文化。同时他们对于外国的语言和科学方法都有很深的了解。他们是不同寻常的一群人,天资聪慧,求知欲强烈,并具有相当的勇气。

西南联大

【蒋梦麟《西潮》】

如果你丢一个石子在一池止水的中央,一圈又一圈的微波就会从中荡漾开来。

在静水中投下知识革命之石的是蔡孑民(元培)先生。蔡先生在1916年出任北京大学校长,他是中国文化所孕育出来的著名学者,但是充满了西洋学人的精神,尤其是古希腊文化的自由研究精神。

北大在蔡校长主持之下,开始一连串的重大改革。背后拖着长辫、心里眷恋帝制的老先生,与思想激进的新人物并坐讨论,同席笑谑。教室里、座谈会上,社交场合里,到处讨论着知识、文化、家庭、社会关系和政治制度等等问题。

左起:蒋梦麟、蔡元培、胡适、李大钊

这情形很像中国先秦时代,或者古希腊苏格拉底和亚里士多德时代的重演。

蔡先生提倡"思想自由,兼容并包"以追求真理;北大文学院院长陈独秀提倡赛先生和德先生,即民主与科学,认为这是使中国现代化的两种武器;哲学教授胡适正在进行文学革命,主张以白话文代替文言作表情达意的工具;教授李大钊则组织并领导了马克思主义研究会。知识革命的风气遍布整个北京大学,又迅速从这里向外蔓延。北京大学成为中国新文化运动的中心。

1919年5月4日,由北京大学学生发起、全国大学生和社会各界响应的五四运动爆发,反对帝国主义列强在巴黎和会上损害中国主权、反对北洋政府的卖国政策。

北洋政府出动军警镇压,逮捕示威学生32人。

蔡元培在努力营救出被捕学生之后,请辞北京大学校长一职,委托蒋梦麟代理北大校长事务。

五四运动当天北大学生出发前在北大三院集合

五四运动被捕释放学生合影

【采访中国社会科学院研究员 马勇】

　　因为一些特殊的机缘关系，蒋梦麟很早就和后来中国学术界和政界的高层打交道。

　　和蔡元培的关系开始于蒋梦麟中学堂的时期，应该相当于我们现在初中这个层面，在绍兴的中学堂，就是蔡元培的学堂。后来再读浙江高等学校，又到了南洋公学去读，蔡元培就是南洋公学特科特班的老师。他跟蔡元培是属于很特殊的这样一种师生关系。

　　五四运动以后，蔡元培从北京大学辞职，坚持在杭州不回来，养病。但是这个时候要派一个最知心的人去北京大学。物色来，物色去，蒋梦麟更合适；因为蒋梦麟在教育理念上，在对蔡元培的个人忠诚上，都最合适。

　　蒋梦麟代表蔡元培到北大去，很明白，校长还是蔡元培，蒋梦麟仅仅是代表校长来处理一些事务，这是他进北大的开始。之后慢慢就靠他自己的本事，在北大扎下根来了，这是早期状态。

哥伦比亚大学中国学生会（一排最左胡适，三排右四陶行知，四排左二蒋梦麟）

几乎就在五四运动发生的同时，天津南开中学的南面，开辟了一块新的工地——南开大学的教学楼动工兴建。四个月后，南开大学便举行了开学典礼。学校设文、理、商三科，学生 96 名。

那一天，以优异成绩从南开中学毕业，并被保送进入南开大学的周恩来正在市内参加学生领导工作，匆匆赶回学校出席全体师生的留影。因为去得最晚，所以站在最后一排。他的入学注册号是第 62 号。

【张伯苓自述】

> 吾日夜所努力所希望者，欲二三十年内之世界史中，有一章曰：新中国之觉悟与崛起。

1919年5月南开大学奠基（右四为张伯苓）

1919年9月25日南开大学开学纪念照（后排左一为周恩来）

　　我之教育目的在以教育之力量，使我中国现代化，俾我中华民族能在世界上得到适当的地位，不致受淘汰。欲达此种目的，务须对症下药，即：A.注重体育，锻炼强健之国民。B.注重科学，培养丰富之现代知识。

C. 注意精神的修养，向深处培，向厚处培。D. 整理中国固有之文化，摘其适合现代潮流者，阐扬而光大之，奉为国魂，并推而广之，以求贡献于全世界。

也是在 1919 年，梅贻琦与韩咏华结为百年之好，他们都是严修与张伯苓的学生。张伯苓亲赴北京祝贺。

【韩咏华自述】

　　1915 年，梅贻琦接受周校长礼聘为清华学校物理系主任，教授物理和数学。那时他只有 26 岁。

　　半年后放假时，他（梅贻琦）回天津去见张伯苓先生，表示对教书没什么兴趣，愿意换个工作。张先生说："你才教了半年书就不愿意干了，怎么知道没兴趣？年轻人要能忍耐，回去教书！"月涵（梅贻琦）照老师教导，老老实实回京在清华任教。

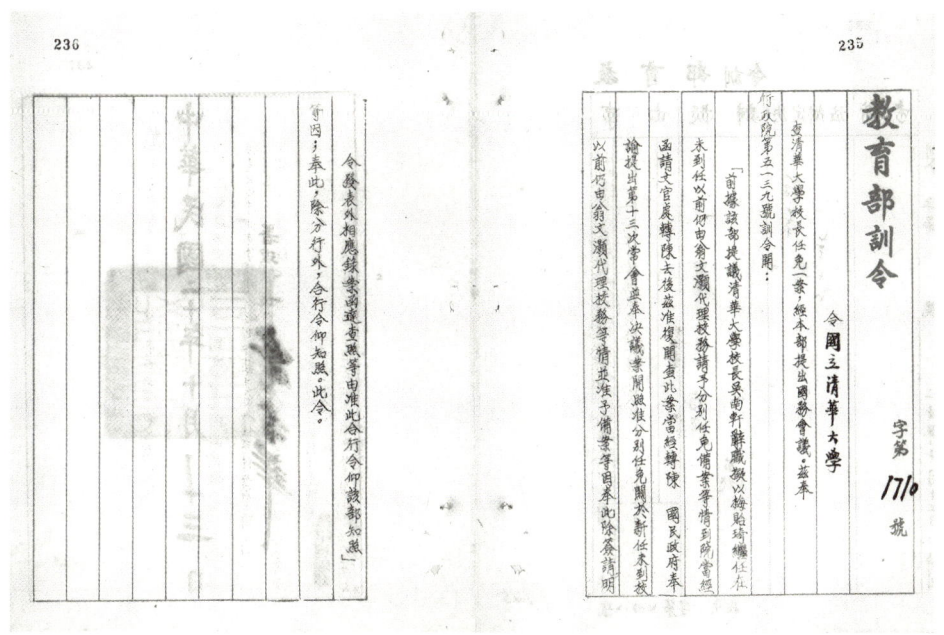

教育部对清华大学校长的任命书

校常委、清华大学校长梅贻琦

教书12年之后,梅贻琦于1931年成为清华校长。这时,清华学校已被南京国民政府正式接管,改称国立清华大学。

【梅贻琦任清华大学校长就职演说】

我希望清华今后仍然保持它的特殊地位,不使堕落。我所谓特殊地位,并不是说清华要享受什么特殊的权利。我的意思是要清华在学术的研究上,应该有特殊的成就。

办学校,特别是办大学,应有两种目的:一是研究学术,二是造就人才。

我们要向高深研究的方向去做,必须有两个必备的条件:其一是设备,其二是教授。一个大学之所以为大学,全在于有没有好教授。孟子说:"所谓故国者,非谓有乔木之谓也,有世臣之谓也。"我现在可以仿照说:"所谓大学者,非谓有大楼之谓也,有大师之谓也。"

我们的智识,固有赖于教授的教导指点,就是我们的精神修养,亦全赖有教授的 inspiration;但是这样的好教授,绝不是一朝一夕所可罗致的。我们只有随时随地留意延揽而已。

第一章・八音合奏

1932年清华大学校务会议。左起：叶企孙、陈岱孙、冯友兰、梅贻琦、杨公兆、张子高

梅贻琦在决定清华大小事务的三个重要的会议制度：教授会、评议会和校务会议上，是最寡言少语的一位。一番争论之后，被问及校长的态度，他总是答以三个字：吾从众。

在这样的不动声色中，清华有声有色地成长着。这一时期，清华的教授人数大大超过讲师和助教，师资力量已跻身全国高校最前列。

【赵赓飏《梅贻琦传稿》】

自民初起，北方各大学教授的待遇低，每年每月只发二成薪，因此大家纷纷互相兼课以增收入而维持生活。清华远处郊外，又规定不能在外兼课，先生掌校后为此提高教师待遇，由160～360元提高到300～400元，特别高的可达500元。有家眷的教职员逐渐都有一幢住宅，与原来给美国教师住宿的标准一样。

西南联大

【朱自清《清华的民主制度》】

在清华服务的同人,感觉着一种自由的氛围,每人都有权利有机会对学校的事情说话。这是并不易得的。

梅月涵先生便是难得的这样一位同情的校长。他和清华关系之深,是大家知道的;他爱护清华之切,也是大家知道的。但难得的是他知道怎样爱护清华,他使清华在这七八年里发展成一个比较健全的民主组织。同人们都能安心工作,乐意工作。他使同人觉着学校是我们大家的,谁都有一份儿。

有人也许惊奇,为什么梅先生在种种事件上总不表示他的主见,却只听大家的。是的,这的确可惊奇。但是可惊奇而且可敬佩的是他那"吾从众"的态度和涵养。而他并不是没有主见的。

20世纪30年代清华大学名师荟萃,左起:施嘉炀、钱端升、陈岱孙、金岳霖、周培源、萨本栋、张奚若

梅贻琦执掌清华之时,他的老师张伯苓,担任南开大学校长已13年。

张伯苓校长的哥伦比亚大学同学蒋梦麟,在创办浙江大学,担任中华民国首任教育部长之后,于1930年12月正式出任北京大学校长。

【采访中国社会科学院研究员 马勇】

中国的高等教育,到了张伯苓、蒋梦麟、梅贻琦三个人,又完成了一个代际的转换。

中国高等教育第三代校长代表。左起:清华大学校长梅贻琦、北京大学校长蒋梦麟、南开大学校长张伯苓

第一代办大学的是什么人?中国当时任命第一代办大学的人都是进士、状元,都是旧知识(分子)过来的,像许景澄是京师大学堂总监督,但是他是个旧人物,对中国的典籍很熟。虽然他也去西方做过公使,但是他本身是个旧人。那么这拨人呢,是把中国的高等教育办起来了。就是我们应该学习西方,应该学习日本,当时学日本的风气很重,这是对的。

但是我们看到第二代办大学的是什么样一种人,第二代就是到过西

西南联大

方留学过的：严复，京师大学堂总教习，第二任正儿八经就改名为北京大学校长——1922年任命严复当北京大学校务校长。严复就到英国去学过。紧接着任命蔡元培，他也在民国初年到德国，到法国去进修美学；而且他在中国已经考取进士，属于很高级的知识分子了，又当教育厅长。那么他跟严复都属于这样的，就等于带艺学师。已经有本事了，又到西方，接受西方现代教育的洗礼。那么这拨人，当然把中国的教育往前推动一大步，中国的高等院校走向更专业化，更像大学的样子。你看京师大学堂还是老观念，都是官僚嘛，读书带着秘书，带着随从。后来等到严复的时候是绝对不允许。到了蔡元培的时候，大家觉得应该按照西方大学的方式管理。我个人研究过，这是中国高等教育第二代的管理者。

但是到了蒋梦麟、张伯苓、梅贻琦这代人，就完成了另外一个代际转换。那么这拨校长是什么特点？这三个校长都是很小的时候，就到了西方学习，是在西方接受了系统的教育。特别是蒋梦麟更厉害，蒋梦麟在西方学的就是教育学，而且是在哥伦比亚读的教育学，最后得到的就是教育学的博士。他的博士论文写的就是中西教育之比较，专门研究从孟子以来中国教育是怎么发展的，西方从亚里士多德以来教育是怎么发展的。

就这样，等转到第三代，就真正完成了中国的高等教育领导者的代际转换。他们就知道什么是教育了，就是充分的国际化，充分的世界化，这是我们早期高等教育成功的一个很重要的关键。

1931年9月19日，蒋梦麟走进北大校长室办公。两天前，辞去中华民国教育部长的蒋梦麟，走马上任北京大学校长，以"教授治学、学生求学、职员治事、校长治校"为方略，力求中兴北大。

电话铃响了，传来前一天发生的惊人消息：日本人已经在沈阳发动突击，国军为避免冲突，已撤出沈阳。

九一八事变爆发，东北沦陷。1933年，日本关东军突破长城防线，觊觎华北。1935年，日本策动"华北五省自治"，北京大学教授发表宣言，声明誓死反对。

【蒋梦麟《西潮》】

一个日本宪兵到北大来找我。"日本在东交民巷的驻防军请你去一趟"。

我把这件事通知家里的几位朋友之后,在天黑以前单独往东交民巷日本兵营。

一位日本大佐站起来对我说:"我们司令请你到这儿来,希望知道你为什么要进行大规模的反日宣传。"他一边说,一边递过一支香烟来。"你说什么?我进行反日宣传?绝无其事!"我回答说,同时接过他递的烟。

"那么你是日本的朋友吗?"

"这话不一定对。我是日本人民的朋友,但是也是日本军国主义的敌人,正像我是中国军国主义的敌人一样。"

"呃,你知道,关东军对这件事有点小误会。你愿不愿意到大连去与坂垣将军谈谈?"这时电话铃响了,大佐接了电话以后转身对我说:"已经给你准备好专车,你愿意今晚去大连吗?"

西南联大

"我不去。如果你们要强迫我去,那就请便吧——我已经在你们掌握之中了。不过我劝你们不要强迫我。如果全世界人士,包括东京在内,知道日本军队绑架了北京大学的校长,那你们可要成为笑柄了。"

他的脸色变了,好像我忽然成了一个棘手的问题。

电话又响了。

他再度转身对我说:"蒋校长,司令要我谢谢你这次的光临,你或许愿意改天再去大连——你愿意什么时候去都行。谢谢你,再见!"

即使在这样复杂的政治环境中,张伯苓的"南开系"在1937年以前还是实现了从小学、中学、大学、研究所的完整布局。

那时的天津流传一句话:"天津卫三桩宝,永利(化工厂)、南开、《大公报》。"南开大学校园已成当时天津的文化景区。柳亚子来看他的儿子、英文系主任柳无忌教授,目睹美丽的南开校园,赋诗一首:

汽车飞驶抵南开,
水影林光互抱环。
此是桃源仙境界,
已同浊世隔尘埃。

【南开大学教授 黄钰生自述】

九一八事变以前,伯苓先生觉悟到东北是中国的命脉。日帝侵略东北愈来愈露骨,于是以学术的姿势和帝国主义者做公开正面的斗争。民国十六年(1927年),在南开大学组织东北研究会,亲自到东北各地去旅行。后来又邀南开大学的教授6人到东北实地调查,把所得的材料编成教本,教本校的学生学习。

南开大学和南开中学都有一种特殊的光荣,在日本军阀眼里,他们是天津地方抗日的中心,抗日的策源地。日本军阀对于南开的仇恨,是很深的。

1934年起,梅贻琦与清华教授多次筹商,为应对危机、配合国家抗战做出一系列准备。清华在湖南长沙筹办"无线电"等特种研究所;在岳麓山下兴建校舍;将部分贵重仪器、书刊、档案逐渐向长沙转移,并在南昌与航空学校共同进行航空工程的研究实验。

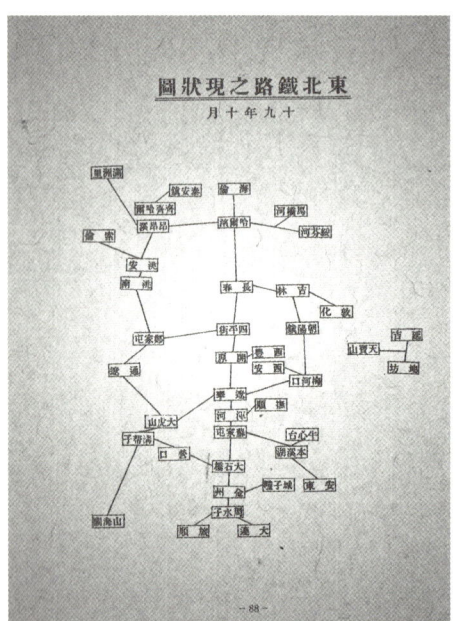
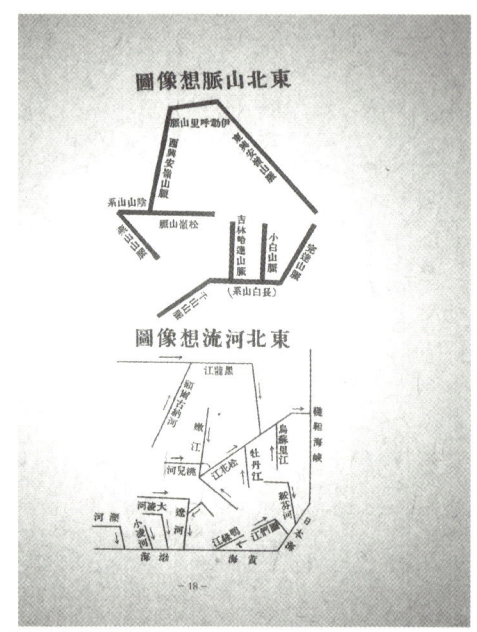

1934年南开中学东北地理教本插页

七七事变前清华大学在长沙的新校舍工地

【采访中国社会科学院研究员 马勇】

从这些我们可以看到,知识分子在早期是最大限度推迟战争的爆发,但是战争爆发之后呢,知识分子还有一种对国家的忠诚和担当。

在华北危机不断加剧的时候,教授们和校长们,都坚定一条信念:战争是很残忍的,也是不应该出现的事情,我们作为学生、作为老师,应该把精力用在读书教学上;战争总是短暂的,读书是长远的,国家发展文明的进步是永远的,因此不要因为这种短暂的事情耽搁了民族的复兴和民族的发展。

我们可以看到当时在华北地区、在九一八之后,就是这种精神在激励着学生,要把一天当作二十年来过,就是我们怎么能够和敌人抢时间。

这时候和平就是很短暂,中日必有一战。中日之间的和平也许可以通过外交能力、国际格局的变化,使和平尽量地加长,但是中日之间的矛盾,已经达到了中日必有一战这种状态;那么当冲突真的爆发之后,我们的大学校长和教授们,又应该怎样去面对、去处理?

有北大教授如此回忆当时的情形:自日本军阀制造冀察特殊化之后,北大的处境之艰危,随时有随北平文化城覆灭之惧。梦麟先生还是持身安静,处事轻快。师生们的口号是:在北平一天,当作二十年来做。

可以说,梦麟先生深得蔡先生的豁达的气度,而融和的手腕过之。

实际上,应付难题的时候,北大一校之内,梦麟校长、适之文学院长及周枚荪(炳琳)法学院长随时集会。

国立各大学之间,另有聚餐,在骑河楼清华同学会会所内,随时举行。由梦麟北大校长、梅月涵(贻琦)清华校长、适之及枚荪两院长,交换意见。

月涵先生是迟缓不决的,甚至没有意见的。梦麟先生总是听了适之的意见而后发言……适之先生是其间的中心,梦麟先生是决定一切的人。

北大六年的安定,乃至国立八校六年的延续,没有梦麟与适之的存在与活动,是想象不到的。

1937年5月1日，清华大学为纪念建校26周年进行阅兵。

梅贻琦校长在会上讲到，清华在长沙的各项事业，进展顺利；希望时局无大变化，如此可以合全校师生之努力，共同维护学校，向前进展。

1938年初，长沙临时大学部分教师

这次阅兵两个多月之后，1937年7月8日凌晨，日本侵略军向驻守宛平城的中国守军发起进攻，并炮轰宛平城。中国守军第29军被迫自卫还击。卢沟桥事变爆发，日本发动全面侵华战争。

【蒋梦麟《西潮》】

战神降临北平时,我正在庐山。当时蒋委员长在这华中避暑胜地召集了一群知识分子商讨军国大事。有一天午后,天空万里无云,我吃过午饭正在一幢单开间独立的宿舍里休息,忽然中央日报程社长沧波来敲门,告诉我日军在前一晚对卢沟桥发动攻击的消息。我从床上跳起来追问详情。

日军在被炸的南开大学废墟上作画,背景为思源堂

日军在南开大学钓鱼,远处建筑为被炸的图书馆

1937年7月14日,清华大学潘光旦、沈履从北平向庐山发出急电,盼梅贻琦校长速返校:

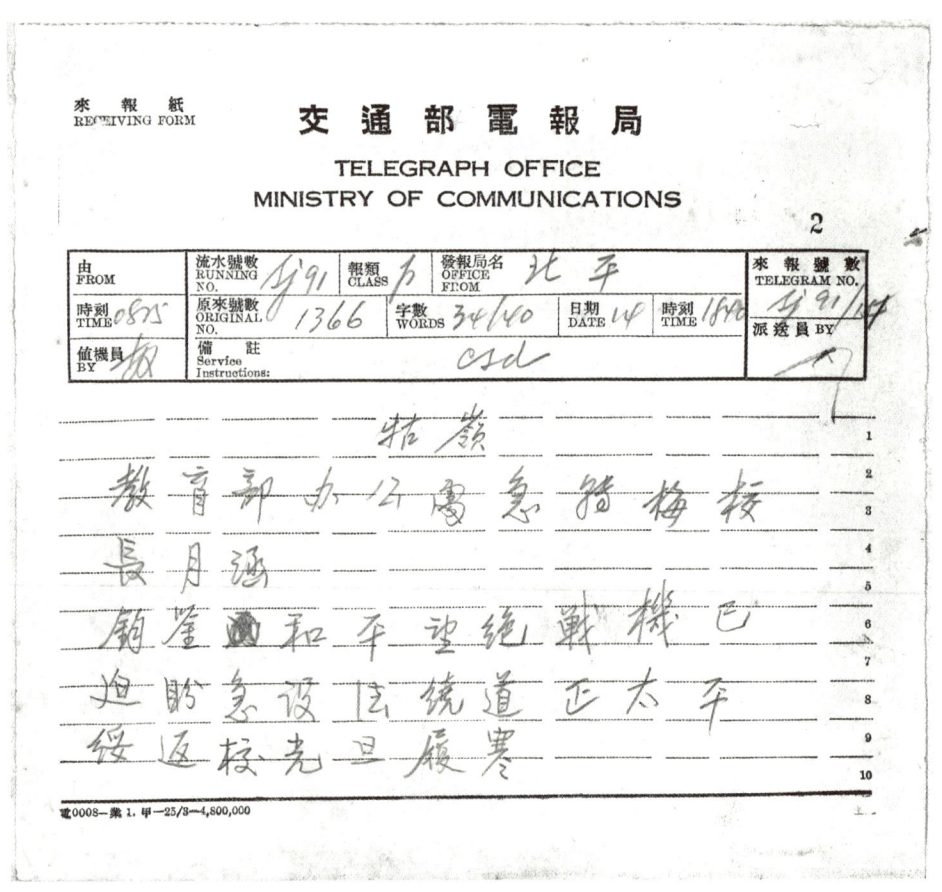

1937年7月14日,清华大学潘光旦、沈履从北平向庐山发出急电

北平—牯岭(庐山)

牯岭。教育部办公处急转梅校长月涵钧鉴,和平望绝,战机已迫,盼急设法绕道正太、平绥返校。

长沙战火前的天心阁

1937年长沙临时大学借用校舍——长沙韭菜园圣经学校

然而此时北上的交通已经中断。焦急中，清华大学校长梅贻琦从庐山赶往南京，与张伯苓、胡适等教育界人士商讨战时教育系统应变之策。

1937年7月28日北平沦陷，北京大学、清华大学相继被日军占领；7月29日，南开大学被日本军队炸毁。中央通讯社如此报道：

> 天津南开大学经已故创办人严范孙（严修）先生及现任校长张伯苓博士四十年来惨淡经营，至今计成立大学、男女中学、小学四部，学生合计三千余人。其大学、中学两部竟于昨、今两日被日军仇视，以飞机、大炮炸毁，中外人士莫不震愤。

62岁的张伯苓闻讯，老泪纵横，悲怆不能自制。

他向中央社记者发表谈话："敌人此次轰炸南开，被毁者南开之物质，而南开之精神，将因此而愈益奋励！故本人对于此次南开物质上所遭受之损失，绝不挂怀。更当本创校一贯精神，而重为南开树立一新生命。"

1937年8月17日上午，国民政府国防参议会最高会议在南京召开，平津地区教育界、学术界何去何从，已经上升到国家战略的高度予以讨论。

【蒋梦麟自述】

与北方三所大学有关的人士正在南京商议学校内迁的计划。大家有意把北平的北京大学、清华大学和天津的南开大学从北方撤退而在长沙成立联合大学。胡适之从南京打电话给我，要我回到南京商量实施这个计划的办法。我经过考虑，勉强同意了这个计划。

1937年9月10日，国民政府教育部发出第16696号令，正式宣布在长沙和西安两地设立临时大学。由国立北京大学、清华大学、私立南开大学组成长沙临时大学。以北平大学、北平师范大学、天津北洋工学院和北平研究院等院校为基干，设立西安临时大学。两个临时大学的筹备人员，迅速赴当地选址筹备，尽快组织师生撤出平津地区，在新校舍开课。

1938年初，长沙临时大学再迁昆明，改称国立西南联合大学。

中国三所一流大学的校长齐聚昆明。根据1937年8月28日国民政府教育部的密谕，在未来的九年中，国立北京大学校长蒋梦麟、国立清华大学校长

十四、本校遷滇，原擬有步行計劃，藉以多習民情，考查風土，採集標本，鍛鍊體魄，務使遷移之舉本身即是教育。嗣以路途長遠，人數眾多，指導保護，諸多不便，故僅于赴滇路程及手續中，另立沿途調查及採集一介，藉示鼓勵。茲經本校與湖南省政府當局接洽，慨承贊助，允派高級將官沿途指導，並由地方政府負責保護，本校教職員另組輔導團，與學生同行。步行計劃既經各方贊助，實施不成問題，爰定綱要如下，先行布告通知，至路程、行隊及一切詳細手續另行公佈：

一、全體赴滇學生除女生只注射傷寒預防針外，須受體格檢驗（檢驗時並注射傷寒預防針），其體格健好者由學校組為步行隊，公佈之。至女生及體弱者，仍以乘舟車為便，學校除為辦理護照外，仍予以川資津貼廿元。惟經編入步行隊之學生若不歸隊同行，學校不再發給川資及護照。

二、步行學生其沿途食宿之費概由學校擔任。

三、步行時概適用軍隊組織。

四、步行時被蓋及換洗之物由學校設法隨隊運輸，其書籍衣物得交由學校另行運輸（詳細辦法另定之）。

五、步行隊到昆明後得將沿途調查或採集所得作成旅行報告書，其成績特佳者學校予以獎勵。

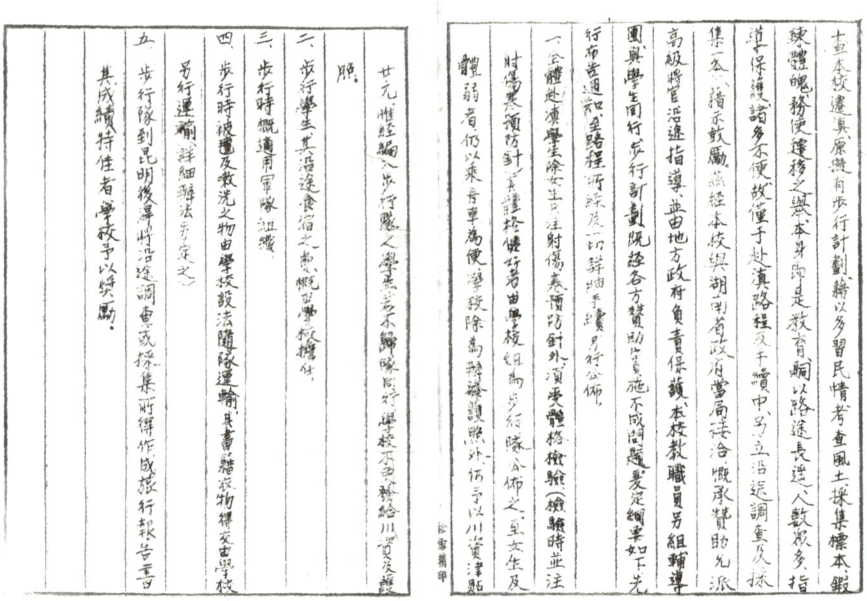

北大、清华、南开三所大学迁滇简要计划

西南联大校门

梅贻琦、私立南开大学校长张伯苓将以"国立西南联合大学常务委员会"三常委的身份，共同领导这所战时联合大学。

【采访云南师范大学教授 吴宝璋】

这三所学校的校长，年纪最长的是南开校长张伯苓先生，当时他61岁。他作为私人办大学是非常有成绩的，不光是在天津，在整个中国都是享有盛誉的。年纪仅次于张伯苓的是蒋梦麟——北大的校长，但是他资历很老，他是留美的博士，还是民国第一任教育部长。所以当时有一个说法就是，应该由他来执掌整个三校联合的领导权。

第三位就是清华的校长梅贻琦，他最年轻，也是留美的。从他执掌

位于昆明西北郊外的西南联大校园

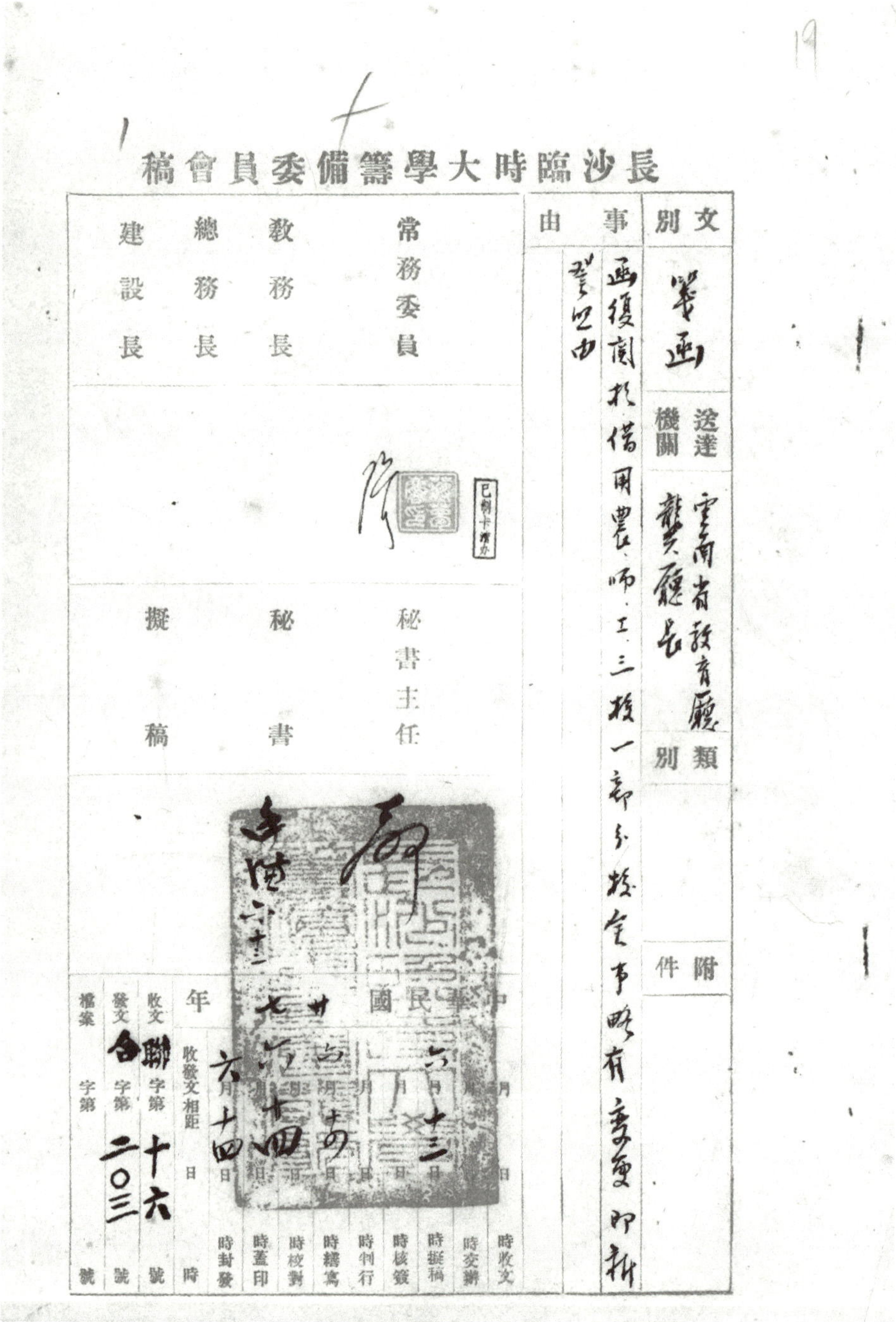

長沙臨時大學籌備委員會稿

文別	箋函
送達機關	雲南省教育廳龔廳長
類別	
附件	
事由	函復關於借用農、師、工三校一部分校舍事暫有變更即祈鑒照由

常務委員

教務長

總務長

建設長

秘書主任

秘書

擬稿

中華民國廿六年七月

收文	聯字第十六號
發文	合字第二〇三號
檔案	字第　號

時收文　時交辦　時擬稿　時核簽　時判行　時繕寫　時校對　時蓋印　時封發

云南省教育厅关于借用农、师、工三校一部分校舍的函复

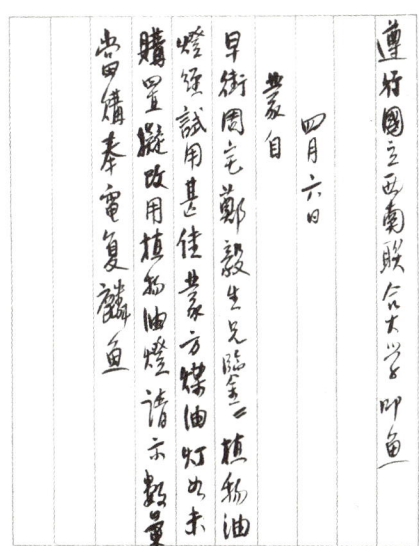

北大、清华、南开三所大学迁滇途中蒋梦麟日志

清华以后,清华是突飞猛进。在抗战爆发之前,根据我的了解,应该说就清华的师资,已经居国内第一了。

所以在当时这三位校长之间,因为张伯苓的威望,所以当时国民参政会任命他当副议长,要长住在重庆;另外他对南开中学也是很有感情的,而南开中学也是在重庆。因此当时他很明确地就跟蒋梦麟讲,他说:"我的表你戴着,天津话,你就代表我了,我全权支持你。"因为在他看来,从资力、从北大的地位各个方面来讲,应该由蒋梦麟来执掌领导权。

但是蒋梦麟呢,他转过来就对梅贻琦讲,他说:"我们三个人当中你最年轻,而且你办事非常不错,办事很有成效,所以我全权地支持你,你要多担当。"

西南联大

西南联合大学常务委员会三常委（左起：蒋梦麟、梅贻琦、张伯苓）

【采访云南师范大学教授 余斌】

三个人里面梅贻琦年龄最小，比张伯苓小13岁，比蒋梦麟小3岁，他年纪最小。

当然可以理解为，他（梅贻琦）年轻多干，但不是那么简单的。

西南联大成立初期，全校有教师269人，其中，北大89人、清华150人、南开30人；清华有稳定的"庚款"基金作为经费补充，北大和南开完全依靠政府拨款，而战时的政府拨款很难有保障。

清华在1936年将一批书籍、仪器转移出华北，以备不时之需；北大在南迁时没有带出什么东西，而南开则在日军轰炸中失去了几乎全部家底。

喜欢京剧的梅贻琦后来打过一个比方："三校走在一起，就像一个戏班子，总得有个班底。这个班底就是清华。"

梅贻琦如何回答蒋梦麟,没有相关的文字记录。可以肯定的一点是,在事关西南联大实际领导者这个十分重大的问题上,他又一次地"吾从众"了。

清华校长梅贻琦成为西南联大最重要的掌舵人。

1938年5月4日,五四运动19周年这一天,"国立西南联合大学"正式开学。在998名学生中,之前分属北大、清华、南开的学生,入西南联大继续就读者,保留原校学籍与学号,在原学号前分别冠以字母"P"(北大)、"T"(清华)和"N"(南开),毕业时分别由原校发给毕业证书。在西南联大入学者,即从1938级新生起,由西南联大颁发毕业证书。西南联大的学术等级、教授会、行政机构则基本沿用梅贻琦主政清华时期所形成的体系。

1940年西南联大教职工及其家属合影(左二为潘光旦、中间穿长衫者为梅贻琦)

西南联大

【采访西南联大外文系学生 翻译家 杨苡 98岁】

我的学号就是N，南开N字号，我学号是2214。联大以清华为主，按梅贻琦的看法来培养人，所以特别好。

【采访西南联大外文系学生 翻译家 刘缘子 100岁】

昆明有个翠湖，翠湖旁边有个先生坡，他（梅贻琦）的清华办事处就在先生坡。那么梅校长每天早上从先生坡出来，穿过文林街，穿过城墙，就到学校去办公。

【采访西南联大外文系学生 北京第二外国语学院原院长 张道一 90岁】

（梅校长）戴个眼镜，有的时候穿西服，有的时候穿长衫，是个非常洋气、非常儒雅的绅士。

【采访西南联大机械系学生 中科院院士 潘际銮 90岁】

梅贻琦当然有印象了，梅贻琦印象太深了。我活了90岁，我知道的校长，两个人我是最佩服的，一个梅贻琦，一个蒋南翔（1932级清华学生），梅贻琦这一套制度，这套做法，确实给我们树立了最好的榜样。他主张的通识教育强调基础，另外给你宽松的发展机会，这是西南联大一个很大的优点。而且让各种人才都能出得来。

【历史学者〔美〕易社强《战争与革命中的西南联大》】

学者风度，温文尔雅，寡言少语，勤俭节约，民主通达，公正无私。他从一开始就赢得了普遍的尊敬。梅贻琦和妻子及其四个孩子住在西仓坡一幢房子的楼上，他和儿子祖彦同屋。他们经常吃的是白饭拌辣椒。家常的菠菜豆腐汤已是相当不错的待遇了。梅贻琦每天步行上班，把归他个人使用的汽车让给联大。有一次，他因为校务到成都出差，他放弃乘飞机，为联大省了200美元，不辞辛劳地搭乘长途邮车回校。教育部捐了一笔钱给联大，梅贻琦却不允许发给当时同在联大念书的四个孩子

梅贻琦在西南联大机械系门前

一分钱。当独生子祖彦自愿参军时,他表示支持。在处理清华、北大和南开三校关系时,他不偏不倚;他还把清华服务社所得的利润作为额外的月薪发给三校教员。

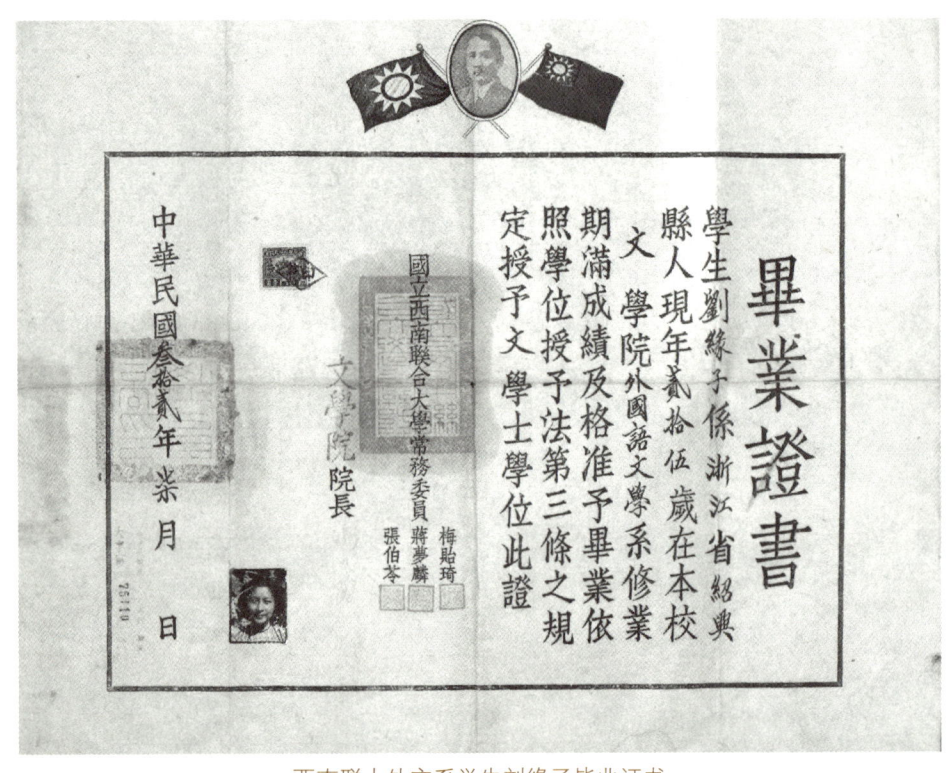

西南联大外文系学生刘缘子毕业证书

梅贻琦治校看上去像个道家——无为而治,而事实上,他事无巨细、一丝不苟。他主持联大常务委员会,其成员包括蒋梦麟和张伯苓或他们的代表及列席的其他学校高层。他审慎而明智地给三校杰出的教授委以学校高层管理职务。

【傅任敢《值得我们学习》】

那时,论设备,论经费,论师生的人数,都是清华最多。依世俗的眼光来看,这一联,清华是划不来的;反而看来也可以说,清华在联大占了压倒的优势。这份家务可不好当。一方面要使清华的各方面绝不感到划不来,一方面要使非清华的各方面绝不感到清华占了上风。这关键与奥妙就在梅校长的大。这时他的心中与他的作为都只有联大,没有清华了。他对整个联大一样看待,所以整个联大也都一样待他,因此就能一直联到底了。这件事情做来不易，假装不成。这事的成功是他真真实实具有一副大的品格。这品格正是我们，尤其我们教育界所急需的。

【清华教授 吴泽霖《记教育家梅月涵先生》】
　　大学联合是一种新生事物，在过去是不能想象的。北大、清华和南开既已正式联合，问题就成堆出现。为了避免由于一校的分量过于突出可能引起的问题，梅先生没有把随校南迁的清华人员都放入联大编制内，他利用庚子赔款基金所拨付给清华的经费，在昆明建立了国情普查、农业、航空、无线电、金属等研究所，使清华人员参加了这些机构的工作，减少了清华在联大中的名额，从而使三校在联大体现了较好的平衡，促进了学校内部的团结。为嗣后八年的顺利合作，奠定了初步的基础。

西南联大博物馆的馆长李红英，清楚地记得自己刚刚开始在这里工作时，曾经接待过一对特殊的观众。

【采访西南联大博物馆馆长 李红英】
　　刚好是五六月这个样子，昆明比较热的季节。我看见两位老者，静静地在那个地方看梅贻琦先生的照片。
　　你能够体会到，她身上透露出来的气息和普通的观众进来，那是不一样的，你就会忍不住想过去问她："请问您是哪位？有没有什么需要？"没想到一问她，她竟然说："这位是我爸爸。"
　　当时说句心里话我内心蛮激动。那会儿是2002年，我自己也很年轻，刚刚才接触这块工作。那么整天埋在这些书本当中，其实那一个个的人物故事，就在脑袋里边。突然看到一个经历者，她就站在你面前的时候，那一分钟真的觉得内心里面蛮感动的，觉得那段历史全部都活了起来了。
　　当时我陪同她整个过程，她没有说太多的话，只有跟我说那个年代非常的艰难。谈到梅先生工作的时候，她就一笑而过，就说爸爸很忙；然后谈到母亲的时候，她说妈妈很辛苦；然后谈到她们的生活状况的时候，笑眯眯地跟我说："哎，那个时候的事情没法用现在的语言，能够形容，

梅贻琦一家在昆明：梅贻琦、韩咏华、梅祖彦、梅祖彬、梅祖彤

几句话就说得清楚。"她叫梅祖彤,在西南联大(学生从军)纪念碑上,也有她的名字。梅贻琦先生的儿子梅祖彦,女儿梅祖彤,在抗战时期都是从军的学生。

【蒋梦麟《西潮》】

炸弹像冰雹一样从天空掉下,在我们周围爆炸。

我在这边城里冥想过去的一切,生平所经历的事情像梦境一样,一幕一幕地展现在眼前:于是我捡出纸笔,记下了过去半世纪中我目睹的祖国生活的急剧变化。

当我开始写《西潮》的故事时,载运军火的卡车正从缅甸源源驶抵昆明,以"飞虎队"闻名于世的美国志愿航空队战斗机在我们头上轧轧掠过。发国难财的商人和以"带黄鱼"起家的卡车司机徜徉街头,口袋里装满了钞票。物价则一日三跳,有如脱缰的野马。

在急遽地嬗变的历史中,我自觉只是时代巨轮上一颗小轮齿而已。

每天早上6时许,蒋梦麟便起床复习英文,随后开始写作自传体著作《西潮》。西南联大近在咫尺,但是他很少在学校露面。

而在梅贻琦的日记中,常常提及蒋梦麟,与他一起共议校务,或者参加在梅家举行的西南联大常委会议。

日军轰炸昆明后,一根断梁插在蒋梦麟办公桌上

西南联大

驼峰航线上的飞虎队

【采访云南师范大学教授 吴宝璋】

真正来到了云南之后,关键就在于蒋梦麟和梅贻琦。

这两个人可以说是整个西南联大团结办学,联合到最后的最关键的人物。

那么从他们两个来看呢,我认为蒋梦麟这个人顾全大局、审时度势,他对问题看得非常清楚,非常透彻。当时的清华在三校当中实力最强,所以在这种情况之下,蒋梦麟认为由梅贻琦来执掌校政,应该说比较得心应手。在国难当头的时候不要争,他有退让的精神这是非常了不起的。

梅贻琦与蒋梦麟在西南联大

他内心当中有一个想法,今后抗战胜利,回到北平,怎么发展、怎么施展他的抱负大展宏图,这没问题——战争结束后再搞;但在抗战的时候,要能够吃得亏。

因此他在请梅贻琦作为主要负责人之后,他就全力地支持。但全力支持他不是放手不管,而是在整个南迁过程中他又敢于担当,发挥了极其重要的作用。为什么?他原来是教育部长,他跟国民政府的高层关系非常密切。比如说搬迁到昆明,他直接去跟国民政府的高层,包括教育部直接请示,最后得到批准。他在那个地方奔跑啊。

后来到了昆明以后,租借校舍,也主要是他跟云南地方当局进行联络。后来发现在昆明地区没有足够的房屋,能够把三个学校全部的教职工学生都容纳,他听到有人说蒙自那个地方有闲置的房屋,马上又带着人到蒙自去考察,最后又决定在蒙自设立分校。当然这个过程当中,他都跟梅贻琦交换意见通气,梅贻琦当然也是全力支持。所以这个事情就很顺利,一桩接着一桩就办下来了。

到后来1938年的秋天,决定成立西南联大师范学院,这个里面也是蒋梦麟发挥了重要的作用。因为他跟云南省政府在交涉的过程当中,云南省特别希望三个学校能够给云南更大的帮助,这个帮助是什么呢?就是师资的培养方面,所以这个是有针对性的设立了师范学院。

师范学院成立之后,院长这个人选就极其重要了,蒋梦麟这个人呢,就看中了黄钰生。黄钰生原来是南开大学的秘书长,他对张伯苓那是很亲密的。后来三校的常委,张伯苓就是由黄钰生代替他参加常委会,他可以很好地代表张伯苓。

那么在当时的情况之下,蒋梦麟并没有选择北大的教授来出任院长,尽管北大的力量也很强。而且一旦定了之后,他直接找黄钰生谈话,给他做工作:你来干这个事最合适。

所以我们可以从种种的事实看出,蒋梦麟他不仅有忍让的这样一个精神,顾全大局,而且他还是敢于担当。该他做的事情,或者他认为只有他能够做得更好的这个事情,他是毫不退让,坚决地走在前面,把它做好。所以西南联大应该说一到昆明,从整个联合之初,蒋梦麟是起到了非常重要的作用。后来走向正轨之后,他就淡出了,或者他就干他的事,他是社会名流,可以干的事情那也是很多。

【西南联大教授 钱穆《师友杂忆》】

一日,北大校长蒋梦麟自昆明来。入夜,北大师生集会欢迎。诸教授连续登台竞言西南联大种种不公平。如文学院院长常由清华冯芝生(冯友兰)连任,何不论及北大,如汤锡予(汤用彤),岂不堪当一上选。一时师生群议分校,争主独立。

余闻之,不禁起座要求发言。

此乃何时,他日胜利还归,岂不各校仍自独立。今乃在蒙自争独立,不知梦麟校长返重庆将从何发言。

余言至此,梦麟校长即起来发言:今夕钱先生一番话已成定论,可弗再在此题上引起争议。群无言。

在写给胡适的信中,蒋梦麟这样描述自己在昆明的心情:

弟欲求西南联大之成功,故不惜牺牲一切,但精神上之不痛快总觉难免,有时不免痛责兄(胡适)与雪艇(王世杰)、孟真(傅斯年)之创西南联大之意。数月前在渝,孟真责我不管西南联大事。我说,不管者所以管也。我发恨时很想把你们三人一棍打死。但我三年以来,两年中著一本《书法之原理与技艺》,近月来著成第二册。

【采访云南师范大学教授 余斌】

"我不管就是管",我觉得这是蒋梦麟的一种领导艺术。因为在当时北大的历史虽然悠久地位崇高,但是在这个时期,清华大学实力上升了,好多事情都得让清华大学来做。在这种情况之下,蒋梦麟他怎么管?不好管。我理解呢,一管可能就要出乱子。

这个时候他起到一个什么作用呢?加强团结。后来在这个过程里面,北大的一部分教授,对清华有意见,对联大的工作有意见,但是他尽量把这些矛盾加以缓和,把它控制在安全的系数以内,不让它引出什么麻烦来。

所以西南联大三所学校,虽然有时候发生一些矛盾,都化解了。比如初期在蒙自那一次,由于钱穆先生讲话,蒋梦麟校长讲话,矛盾也算结束了,化解了。

1940年8月22日,日机数十架以重庆南开中学为目标投炸弹三十余枚,一部分校舍或直接中弹,或被震毁。空袭后,张伯苓指挥立即修复校舍,学生课业照常进行。有人忧虑道:"日机再来轰炸,怎么办呢?"先生答道:"再炸,再修!"

西南联大迁到昆明之后,张伯苓校长大部分时间住在重庆南渝中学津南村3号,守护着战争中硕果仅存的南开血脉,为来自沦陷区的中学生们重新安放读书的课桌。为了表达重建南开的决心,南渝中学正式更名为重庆南开中学,著名的南开大学经济研究所也在重庆南开中学校园内恢复。

这一年,张伯苓已经64岁了。他以国民政府参政会副议长的身份周旋于政界,为抗战和教育呼吁奔忙。9月的一天,病中的张伯苓召集南开第二代同人讲话:"我个人一生从事教育,此志不渝。虽近因参政会事情,和政治发生关系,但绝不忘掉本身事业。国家前途光明,教育工作重要,希望大家为国为校,多多努力。"

【采访中国社会科学院研究员 马勇】
三校,蒋梦麟的让、张伯苓的退,都是促成西南联大成功的一个关键性因素。

成立初期的南开大学经济研究所

【采访中国社会科学院研究员　闻一多长孙　闻黎明】

　　三人之间没有因为某种利益,产生过任何矛盾。因为有矛盾是因为利益之争,没有利益之争,大家只有一个利益,就是国家利益。

【采访中国社会科学院研究员　马勇】

　　就在这一点上,你可以看到这几个人,应该说是一代佳话。

张伯苓在重庆南开中学校园

【梅贻琦日记】

　　1941年4月27日　星期日

　　天气和煦,时有片云。九点余有预行警报,至一点已解除。三点半至工学院会场,布置颇好,校友到者已有数百人。四点半开纪念会。

西南联大

这一天，国立清华大学建校 30 周年。刚刚过完 65 岁生日的张伯苓告诉参加校庆的南开大学教授黄钰生：清华和南开是"通家之好"，得从丰地庆祝。

【西南联大教授 郑天挺自述】

黄子坚在会上做"通家"的解释，指出清华的梅校长是南开第一班的高才生。

接着，冯友兰上台说，要是叙起"通家之好"来，北大和清华的通家关系也不落后，北大文学院长胡适是清华人，我是清华文学院长，出身北大。

两人发言之后，会场异常活跃，纷纷举出三校出身人物相互支援的情形。几乎所有的人都感到西南联大的三校团结，远远超过了三校通家关系之上。三校都是著名专家学者荟萃的地方。各校有各校的光荣历史，各校有各校的校风，也各有其不同的经济条件。经过长沙临大五个月共赴国难的考验和三千五百里步行入滇的艰苦卓绝锻炼，树立了联大的新气象，人人怀有牺牲个人、维持合作的思想。联大每一个人，都是互相尊重，互相关怀，谁也不干涉谁，学术上、思想上、政治上、经济上、校风上，莫不如此。

从 1938 年 5 月 4 日开课，到 1946 年 7 月 31 日结束，西南联大在云南办学八载，弦歌不辍。这是在全国抗战中，联合到底的唯一一所大学。

【采访云南师范大学教授 余斌】

三所学校都从五四运动走过来的，都继承和发扬了五四的精神：爱国、民主、科学。这是一个重要的基础，三所学校有着共同的理念。因此，国难当头能够同舟共济。

【采访云南师范大学教授 吴宝璋】

蒋梦麟、梅贻琦他们这样的一种要团结要联合的思想，也深深地影响感染了他们周围的那些教授、那些工作人员。所以后来他们就谈到，三所学校联合，有一种象征意义，象征着我们，在国难当头，在面对外敌入侵的情况下，我们不再是一盘散沙，我们能够团结一致，再有多少困难，都要克服，最后要把它联合到底。

西南联大校舍

【西南联大教授 毛子水自述】

西南联大，是杨振宁、李政道等等的母校；这班学生，无疑地都在学术上有相当的成就。

西南联大

但我们若着眼于文化的更可贵的一方面,则八年多的西南联大,始终都在雍容和睦的气氛中长成。这不仅是我们教育史上的佳话,亦是我们中华民族最有光辉的事情。

1940年,几乎以一己之力苦撑联大校务的梅贻琦,一反斯文内向含蓄的性格,在一次清华大学校友的聚会上讲出这番话,直抒胸臆。而此话虽指清华,未尝不是在讲联大。

西南联大校门

在这风雨飘摇之秋,清华正好像一条船,漂流在惊涛骇浪之中。有人正赶上负驾驶它的责任,此人必不应退却、必不应畏缩,只有鼓起勇气,坚忍前进。虽然此时使人有长夜漫漫之感,但我们相信不久就要天明风定。到那时,我们把这船好好地开回清华园,到那时他才能向清华的同人校友说一句"幸告无罪"。此天明风定之日,不久可望来到。

八年的坚持，梅贻琦信守了承诺。

西南联大结束之后，梅贻琦继续担任清华大学校长，并于 1955 年在台湾创办新竹清华大学。

梅贻琦先后就任北京清华大学、新竹清华大学校长共 21 载，直至 1962 年 5 月 19 日逝于台北。

梅贻琦葬于台湾新竹清华大学梅园，墓碑碑文由蒋梦麟撰写。

【蒋梦麟撰墓碑碑文】

　　对日抗战期间，北京、清华、南开三大学联合为国立西南联合大学，迁校昆明，三校校长共任校务委员会常务委员，当时余任北大校长，得与先生共事。先生以年最少，尝自谓年少者当多任事，故其负校务责任独多。先生雍容中道，温恭谦让，择善固执两者兼有。当国势动荡之秋，学府思想复杂，内部冲突自所难免，而联大师生得以协调，校务因以日进者，先生之力居多。

八年抗战，北大、清华、南开联合在一起，始终如一。后人说，西南联大缔造了中国高等教育史上的一段传奇，而三校的联合，本身就是一段传奇、一段佳话——理想、情怀、宽容、忍耐、智慧都在其中了。

1946 年，冯友兰先生为西南联大纪念碑撰写碑文。纪念碑高约 5 米、宽约 2.7 米，在这有限的文字空间里，谈到三校联合，冯友兰先生不吝笔墨。

【西南联大纪念碑　冯友兰撰文　立于 1946 年】

　　文人相轻，自古而然，昔人所言，今有同慨；三校有不同之历史，各异之学风，八年之久，合作无间，同无妨异，异不害同，五色交辉，相得益彰，八音合奏，终和且平。

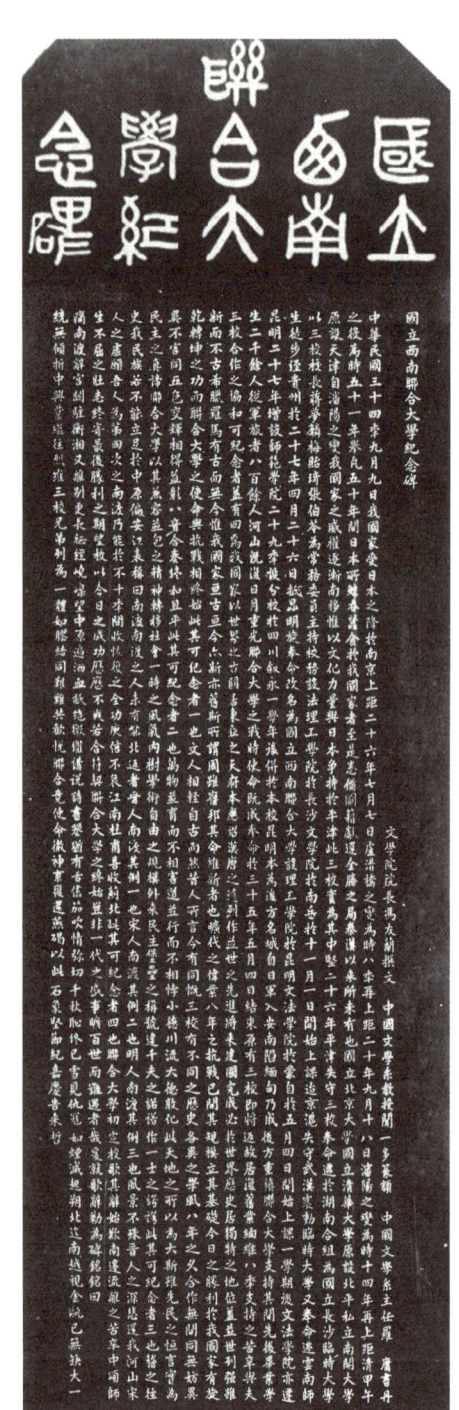

西南联大纪念碑

哈佛燕京学社社长裴宜理访谈录

> 裴宜理（Elizabeth J. Perry），女，1948年出生于上海。现任哈佛大学政治系讲座教授、哈佛燕京学社社长。著有《华北的叛乱者与革命者，1845—1945》（*Rebels and revolutionaries in North China*，1845—1945），主编论文集《中国人对捻军起义的看法》（*Chinese Perspectives on the Nien Rebellion*），等等。

1. 《西南联大》摄制组在哈佛大学 Pusy 图书馆看到一批中国学者的学籍档案，比如陈寅恪、陈岱孙、钱端升、贺麟等等，这些记录从某一个侧面反映了二十世纪二三十年代，美国和中国大学之间的交流，那么这些交流有着什么样的特点呢？

裴宜理： 或许我可以把哈佛燕京学社作为切入点来讨论这个问题。你可能知道哈佛燕京学社成立于1928年，其成立的目的是增进中国学者与美国和欧洲学者之间的交流，并一起研究中华文明。所以哈佛燕京学社从一开始便帮助了大量的中国以及西方学者。具体来讲，是帮助西方学者访问中国的大学，并与中国学者参加合作研究项目，同时也让中国学者到哈佛以及其他一些大学访问，并在那里同美国的教授一起搞研究。这些活动在二十世纪三四十年代一直延续，直到1952年，中国的私立大学全部关闭才算结束。

在1952年之前，哈佛燕京学社帮助了成百上千中国和外国的学者。他们试图恢复中国的一些传统文化，并让它们更易于被当代中国人接受。燕京学社成立之初，五四运动才刚过去，中国的知识分子试图恢复他们的传统，他们从民族主义的角度来判断中华文明中的哪些方面可以被拯救，进而帮助中国实现经济政治的现代化。

哈佛燕京学社在北平有几处办公室，总社当然也是在北平，更具体地说是在燕京大学的校园。在哈佛燕京学社的帮助下，燕京大学得以吸引一些最优秀的中国汉学家，他们各自擅长历史、文学、人类学、哲学，建立了严谨的中国汉学研究。

哈佛燕京在北平的"中印学社"也有一处办公室，陈寅恪在那里学习过一段时间。那儿过去是奥地利大使馆，哈佛燕京学社把那个地方租了下来，并购买了很多佛教典籍和其他文本，很多学者在一起研究这些书籍。

学社从20世纪20年代后期建立，到三四十年代，一直都有很多合作项目。当然，他们也受到了战争的干扰，学者们也有不同的理解和观点。不过我认为它是一个富有成效的、真诚的跨国合作，让人们更好地理解中国的文化和历史对世界文明的贡献。

2. 二十世纪二三十年代，中国涌现出一批卓越的学者。您认为，他们的人生经历和教育背景，以及当时的学术交流，对他们这代人有怎样的影响？

裴宜理： 他们同时接受了中国和西方的教育，包括美国和欧洲，这对于培养他们成为真正具有国际视野的知识分子至关重要。因此，这些学者很特别。他们精通汉学和中国文化，同时对于外国的语言和科学方法都有很深的了解。另外，他们提高了外国学者研究的质量，这包括法国、德国、俄国以及美国的学者。实际上，那些学者对中国文化和文明很感兴趣。

那些西方学者在很多国家都待了不少时间。当时，相对英语来说，法语才是最重要的学术用语。直到二战结束，英语才成为国际交流的第一语言。所以那些学者必须要懂法语，才能和比如巴黎的保罗·帕西这样的学者互相交流。俄国的圣彼得大学是当时重要的汉学中心，柏林也有一些汉学中心，以及我们哈佛有一批汉学学者。因此，在当时的环境下，学者们需要跨国交流、跨国合作。

在阅读当时中国和外国学者的传记时，我时常感到惊奇，因为他们在国际学术圈十分活跃。我们常说当今是全球化的时代，但有时候我们忘了在两次世界大战之间，也是一个全球化的时代。在那个时代，人们有很多伟大的理想。他们试图把不同的经历、不同的语言、不同的文化融合在一起，比如在中国就有世界语这样的尝试。人们站在全球的高度重新构想了世界的样子。在这个高度上，他们为中国的历史和文化创造了非常多的发挥空间。所以，应该高度评价当时中国学者们开展的国际合作。

3. 在 20 世纪 20 年代，只有很少的中国人才有读大学的机会。在美国和其他国家的大学校园里，中国留学生很少。那么，在您看来，当时的中国学者有什么特点？

裴宜理：说到对他们的解读，我感觉最特别的是他们的求知欲。他们对所有事情，对过去、现在以及未来都很感兴趣。他们中很多人觉得自己需要学习多种学科的知识、多种语言学研究方法，才可以解决他们的问题。

当时出国的中国人确实很少，而且也只有很少的中国人接受了高等教育。不过，在美国人和欧洲人中，这样的人也不是很多。当时只有社会精英才有机会接受高等教育。在二战之后，高等教育在美国才得以普及。而在过去的 20 年，中国的高等教育也才普及开来。所以，这些人都是当时的精英。不过也有一些人出身贫寒，他们得到了政府的资助才得以出国学习。

总之，他们是一群不同寻常的人。他们天资聪慧、求知欲强烈，并具有相当的勇气。要知道，即使现在，在外国生活也是不易的。想象一下，在那个时代：没有互联网，没有社交媒体，连打电话都相当困难。在那个时代出国，你只能靠自己。你得接受各种新事物的考验。

你必须要鼓足勇气才敢于出国。

当我读到那些互相有过交流的中外学者的书的时候，我时常惊讶于这些人独特的个性。他们确实是很不同寻常的人。一方面是因为那时高等教育本身就是一种特权，只有很少人才有的特权，他们也希望能好好利用这样的权利。另外，那个时代还有一个不同之处，人们不一定非要在某一个时间段完成学业——人们更愿意把学习当作终生的事业。那时不管在中国还是西方，即使很多最卓越的学者都没有博士学位。但不管怎么说，他们才华横溢，并写出了优秀的学术著作。因为，当时人们更看重真正的知识和学术成果，而非文凭。所以那个时代和现在不同。

在我们的时代，高等教育要普及得多。而且我们相当看重文凭。

你要获得文凭，按要求写够论文，在合适的地方发表。而对于学术的真正内涵却缺少关注。我认为，对于高等教育的真正价值，那个时期有很多宝贵的经验值得我们学习。

总让我惊讶的是，当看到那些大学的照片时，我发现学生非常少。

我的父母曾在上海的圣约翰大学教书，我人生的最初几个月就是在那里度过的。在20世纪30年代，我看见圣约翰只有75个学生。但如果你看见那些学生，你就会发现你认识他们。他们都是优秀的人，比如黄炎培、林语堂等等，非常多的名人。所以，这些大学具有培养出优秀人才以及世界公民的能力。我对此非常钦佩。

这些大学中既有教会大学，也有中国的公立大学，比如北大，当然还有中国的私立大学。这是一个很特殊的群体。它对国际形势的教育进行了尝试，并且富有成效。很难判断这些能力到底是大学赋予人们的，还是人们在上大学之前就具有的。我们也很难判断大学到底对他们有多大的益处。不过，这些人中的大多数都相信，他们接受的高等教育至关重要，这让他们后来成了世界公民，在国际舞台上大放异彩。

4. 您提到了教育的国际化，并且我们注意到，您最近在北京发表了一个演讲，讲到了现在与之相似的一个趋势，就是"联合办学"。您可以比较一下当时和现在的两个趋势吗？

裴宜理： 我认为这个趋势很有意思。在中国，最近我们可以看到很多中外大学联合体。最早是在改革开放时期，1986年或者1987年，南京大学的约翰斯·霍普金斯中心，它由南京大学和约翰斯·霍普金斯大学联合创办，非常成功。不过它属于中美联合办学的特殊项目。而在最近几年，还成立了很多大学，比如上海纽约大学、宁波诺丁汉大学还有昆山杜克大学，都是很新的大学，都得到了外方大力的支持。

要判断这些新尝试能取得多大的成功，还为时尚早。我倒觉得应该结合民国时期的类似经验来看待这些新尝试，虽然两者的目的非常不同。在民国时期，美国教会学院是以宗教为目的创办的。当时传教士们在中国传教遇到了困难，他们把高等教育和西药当作礼物送给中国人，也把它们作为传教的一种手段。而美国高等教育的起源也是一样的。实际上，我们哈佛最开始也是一所教会学校，是培养牧师的神学院。美国所有的早期学院最初都是以宗教目的创立的。之后，它们才发展出了其他的办学理念。所以，大学的创办目的是不一样的。

但可能正因如此，在那个时候，人们才对培养每一个学生那么重视。他们并没有指望所有学生都成为基督徒，但他们希望学生能在世界和平、国际交流等方面做出贡献。所以，他们非常重视每一个学生。

那些大学的资金很多都来自美国教会董事会。所以，这和现在的情况非常不同。现在的大学大多能经济独立，只用学费就能支持其运作。很多情况下，它们由商学院的教授创办，这些教授对国际商务合作很感兴趣。所以，它们的目的和展望都是很不一样的。要说现在的这个趋势会带给我们什么，还为时尚早。对于这些尝试，比如上海纽约大学、清华大学苏世民书院、北大燕京学院，我非常希望它们能够成功，希望他们能够培养出新一批的具有世界性视野的学者。

五集纪录片《西南联大》

扫码观看纪录片
《西南联大》第二集

第二章

刚毅坚卓

西南联大

【吴宓日记】

绿荷出水,蝉声微响,景至幽清。上午十点半,祭王静安(国维)先生于校门内先生纪念碑前,行三鞠躬礼。盖王先生逝世已满十年。

晚6—9点,与陈寅恪君同出散步西园。

吴宓,字雨僧,清华大学外文系教授,中国比较文学研究奠基人。

陈寅恪,字鹤寿,集历史学家、古典文学研究家、语言学家于一身的"教授中的教授"。

两人留学哈佛时期便结为挚友,在清华共事已十年。

1925年,陈寅恪带着一身绝学从德国柏林归来,与王国维、梁启超、赵元任一起出任清华国学研究院"四大导师",天下学界震动。

两年之后的初夏,他的知己、国学大师王国维自沉于颐和园昆明湖。

又两年,梁启超病逝于北京协和医院。

国学研究院随即宣告解体。清华园里留下一座王国维纪念碑和一段不朽的文字:

吴宓

陈寅恪

第二章·刚毅坚卓

20世纪30年代清华大学名师荟萃——1936年朱自清（左四）与浦江清（左二）等友人在北平合影

【陈寅恪撰文】

　　惟此独立之精神，自由之思想，历千万祀，与天壤而同久，共三光而永光。

自1931年梅贻琦掌校，清华气象焕然一新。有识之士闻风景从，大师云集，熠熠生辉。这一时期，清华的教授人数大大超过讲师和助教。

作为学术界的顶尖人物，陈寅恪享受特殊贡献者的薪资待遇。到1937年上半年，他的月薪已有四百八十元，为清华教授中月薪最高者。

按照当时的物价水平，一元钱可以买八斤猪肉。

在北平正阳楼吃两只上等的"高粱红"肥大螃蟹。

八元可月租一个约有二十间大房的四合院。

十二元可开支四口之家一个月伙食。

五百元可购置一辆小轿车。

西南联大

当时，清华教授逐渐都分配有一幢住宅。陈寅恪一家住清华西院36号，建成于1933年。

陈寅恪隔壁37号住雷海宗一家，26号住陶葆楷，16号住顾毓琇，31号住赵忠尧，14号住吴有训，18号住周培源，11号住杨武之。

【采访西南联大物理系学生 物理学家 杨振宁 95岁】

我在清华园的八年，在我记忆中是非常美好的。西苑11号，当时就是住着我们一家人。有三面的房子，北房、东房、西房向着南边，南边是一个小院子。

我1929年到清华园的时候，就听说前几年西苑有一位教授自杀了，就是有名的王国维，而且知道他家在西苑住的那个房子，大概在什么地方。所以我记得我们几个小朋友，就曾经多次到他的家门口张望。为什么呢？因为那家人曾经有过一个自杀的人，这对于我们当然有很深的神秘感。我们并没有敢到那个房子里去，只是在门口张望，又害怕，又觉得很稀奇。

1935年杨振宁（右后）和妹妹振玉（左一），二弟振平（左二）、三弟振汉（右前）在清华西院11号门前合影

1935年杨振宁在清华园西院11号杨家院子中

【采访闻一多次子 闻立雕 90 岁】

我爸爸那时候一个月工资 340 块,那是很多钱了。养活这么多人,还没有感觉到经济上的压力,每一个月还要给我外婆寄一定的生活补助费。家里来客人,也要弄点好吃的弄点好喝的,生活是相当的好。

我们家当时住新林院 72 号,这是清华最好的房子,有 14 个房间。四个服务人员本身在那儿就是四间了,还有客厅,有书房,有卧室什么的。

窗户底下栽了竹子,我父亲亲自栽种浇水抚育,他老惦记着,后来长得挺茂盛的。看书看累了,就开开门出去,阳台上转一转,到竹林那儿浇点水,草坪当中有金鱼缸,看看金鱼,看看养的莲花。

花钱就交给我母亲,他就不管,反正是无忧无愁,想怎么过怎么过,生活是那么个程度。

闻一多全家

和闻一多以及大多数清华教授一样,陈寅恪生活稳定,家庭和睦。他得以专注学术,研究上著述颇丰,教学上业绩辉煌。他的哈佛好友吴宓教授,尽管时常为爱情问题苦恼,却也觉得清华园"景物之美丽,居处之清幽,皆足以适我之性,怡我之情。苟能长如此,则恋爱婚姻问题,无论如何途径解决,皆能得所裨益而不足为累矣"。

1937年7月8日,吴宓的日记中写道:

星期四(晴)

1937年7月8日凌晨,日军占卢沟桥,攻宛平县城,与中国军冲突。是日上午,闻炮声。

【北京大学教授 吴大猷《回忆》】

1937年我住在北平的法宪胡同。7月8日清晨,听到稀稀疏疏的机关枪声,便以为是普通的打靶练习,当时并不在意。前几天和饶毓泰老师、郑华炽教授等约好那天同去西山。内子阮冠世身体不好,经常卧病,那天郊游,还是多年来难得的一次。午前,我们一起乘车去西郊,还带了西瓜。

【采访西南联大物理系学生 物理学家 杨振宁 95岁】

事实上卢沟桥那次,当时我以一个小孩的印象,并不是第一次。在1933年、1934年的时候,日本人就曾经打到过古北口。古北口离北京比较近了,所以那个时候大家就人心惶惶。后来日本人又退了。所以到了1937年卢沟桥事变发生以后的一两天,清华园很多人都还是觉得,可能这又跟上回一样,闹了一下以后日本人就会退了。可是不然,这一次是比较搞真的。

到了1937年7月20号左右,我父亲就决定,我们家回到安徽合肥去暂时住一下。那个时候大家还是觉得,恐怕再过一两个月以后,日本人还是会退的。所以我们基本也没有带多少东西,就全家回到安徽合肥。对于我来讲,那一年我离开清华园后,再一次回来,已经是1971年了。

1937年北平，北京大学物理系教授饶毓泰、郑华炽、吴大猷

比较敏感的人已经开始意识到,这一次中日双方的交火不同以往。吴大猷接受了朋友的警告,派家中的佣人去请在中山公园散步的老母亲赶快回家,并去购买了火车票。匆忙收拾好两三个小包后,一家人前往天津亲戚家暂避。

没有人想到,流亡的生涯已经开始。整整九年之后,他们才能再次见到这座古城。

清华大学教授闻一多带着孩子和保姆一起南下。多亏搬运工帮忙,几个孩子才从车窗爬进车里。闻一多一下子给了搬运工5块钱,在当时,这是一笔不可思议的费用,以至于旁边的学生臧克家大吃一惊。不过,这应该是闻一多最后一次对钱财漫不经心了。

闻一多随身只带了两本书。他想,战事一个月总能见分晓,根本没有料到这是与北平的永诀。

闻一多一家离开的时候,学界的大多数人都还留在北平。或者观望时局,犹豫不决;或者因为还有非常重要的事要处理。

1937年7月27日,北平全城戒严。城门在上午短暂开放,供卖菜的商贩进出。

清华大学教授任之恭混在人群中进入北平城,他有一件十万火急的事情要办。

日军占领北平城

任之恭、陶葆楛结婚照

【清华大学教授 任之恭《一个华裔科学家的回忆录》】

我们的婚礼定在7月27日,完全忽视了7月7日卢沟桥事变的意义,而且确实没有预料到即将接踵而至的麻烦。回想起来,至少在我来说,选择这一日是太莽撞了。该谴责的是我,而不是我的未婚妻。

1937年7月27日,任之恭骑着租来的摩托车,从清华园去北平城,但是城市已经戒严,城门紧闭。

【任之恭】
　　万分焦急之中,我择路找到一个电话,打电话给管城门的警卫部长官。极为惊奇的是他回了话,问我是谁,想干什么。我喊叫着:"我有急事,必须进城,我的婚礼正等着我呢。"长官说,"你真是个傻瓜!你不知道日本人就要占领北京吗?!"

一番周折之后,新郎混进卖菜的农民当中进入了城门。清华大学教授冯友兰也努力赶到现场主持了他们的婚礼。

婚礼之后,新娘坚持要在旁边的照相馆照结婚照,那时大街上已经空无一人。

那一天晚上,穿着结婚礼服的一对新人已不能回到城外清华园的家,只能住在北京饭店。

那一天晚上,日军占领了北平城。

【任之恭】
　　三天后,日本人不定时地打开城门,我们冒险去清华园看了看。我们最值钱的东西都不见了。我们无心为丢失这些东西懊丧。我们感到我们够幸运的了。因为我们已经完婚。

北平被占一天之后,天津沦陷。
南开大学在日机轰炸中,沦为废墟。
战争,就这样突然地到来了。
1937年9月初,北大、清华、南开的师生们陆续收到消息,这三所大学将在长沙组成临时大学。吴大猷、任之恭等人先后离开北平,奔向岳麓山下湘江之畔的课堂。

南下之路充满荆棘,但是平津大专院校师生毅然决定逃离沦陷区。根据

侵华日军

西南联大

国民政府赈济委员会统计，截止到1938年5月，从东部战场逃出的难民中，文化教育者占55%、政府及国营事业人员占21%、商人占10%、工人占6%、农民占2%。

【采访中国社会科学院研究员　闻一多长孙　闻黎明】

为什么文化教育者的比重最高？这个有很多原因。首先我觉得中国知识分子，传统文化讲的是忠君爱国，"君"在现代意义上就是民族这个概念。这点为什么重要？因为他们崇尚的是"人生自古谁无死，留取丹心照汗青"，这个是做人的一种标准。因此你留在北平，你要生活，需要有来源，你就必须为日本人的机构去服务。谁留在这里，就会感觉是没有骨气，有些人也不愿意离开小时候的环境，经过反复斗争之后还是走了。治国平天下这个理念太强大了，这是第一个原因。

第二个原因，就像农民离不开土地，老师也离不开学校，离开学校以后他就没有自己的生活来源。哪怕工资再低再困难，他有一个保障有一个依托，这也是一个客观原因，所以很多人说我不离开清华，一定要跟着清华一起走。

吴宓是最典型的，他在日记中就写到了，他是因为对北平生活非常留恋，开始不愿意走，不愿意离开清华。清华被占了，还能去哪里？最后没有办法了还是要走。他是一个人走的，要翻山越岭，还要通过日本人的封锁线，很危险。但是最后还是和学校在一起了。

知识分子的气节、良心以及他们的客观的一些因素在里面，种种原因造成这么一种现象。

【采访西南联大图书馆馆长唐贯方之子　唐绍明 87岁】

1937年的夏天，我父亲回南方去探亲，刚一走就七七事变了。后来父亲就马上赶到上海。清华的主体已经迁出来了，但在上海有办事处。这时候我父亲就有个任务，要把从北京运出来的400箱珍贵的书籍、文献，从汉口运到重庆。

我父亲就接受了这个使命，把这些书运到宜昌，但那时候就遇到困

北京大学教务长郑天挺

难了。为什么呢?国民政府也往重庆迁,华东的工厂也往这边迁,难民潮也往这边涌动,就堵在宜昌。结果日本飞机就轰炸,又下着大雨,在这样的情况下我父亲在宜昌坚守了三个月,看着那批书。开始有两个人,另一个人中途一半就走了,就我父亲一个人坚守。他整天就像工人似的,背着那工具,敲敲打打,看那些箱子坏了没有。

最后弄到船了,花了十几天运到了重庆,一箱也没有损失,400箱完好无损。

地处北平城内的北京大学最早被日军占领,北大红楼地下室已经成为审讯抗日分子的恐怖地牢。校长蒋梦麟、文学院院长胡适在庐山开会,通讯断绝。混乱与凄凉中,以一己之力独撑北大局面的,是1937年春节刚刚失去了爱妻、家中5个孩子需要照料的一介书生:郑天挺。

西南联大

【北京大学秘书长 郑天挺《滇行记》】

（1937年）8月某日，日本宪兵搜查北大办公室，发现了抗日宣传品。他们问是谁的办公室，我说是我的，他们看着我，似乎不大信。因为当时各处的负责人，早已逃散一空。

【采访郑天挺次女 郑晏 94岁】

那年（1937年）过春节，我母亲死了。所以几个孩子就抱头痛哭。

爸爸都不用说了，我爸爸也是痛哭，（我母亲刚去世）那一段时间，（父亲）除了上班，回来的时候，就是书房里头，他念经。他有一个木鱼，他也有点信佛。所以我们就说了，不要在我父亲面前提我母亲的事。

五个孩子在北平独立生活，二女儿郑晏操持家务（左二）

【北京大学教授 罗常培《七七事变后的北大残局》】

北大的重责都集中在他（郑天挺）一个人身上。他除去支应日寇汉奸的压迫外，还得筹划员工的生活、校产的保管和教授们的安全。别人都替他担心焦急，他却始终指挥若定，沉着应变。

【采访郑天挺次女 郑晏 94 岁】

我就知道我父亲很忙，早晨匆匆忙忙地，也就是到他的窗户那儿，看看，有没有人，有时候就没有。日本人要抓他，他躲起来了。

【北京大学秘书长 郑天挺《滇行记》】

（1937 年）8 月 8 日下午，表姐夫力舒东大夫忽然来我家，说是日本宪兵要抓我，要我速走。之后，他把我安置在西长安街他的尚志医院三楼。但我感到，此次我的突然离去，会使大家为我的安全担心，况且次日上午还要与清华诸人商量要事。于是，次日一早，我瞒过护士悄然回家，在外奔波了一整天。

日军占领清华园后，陈寅恪失去了耗费半生收集的典籍史料，对他而言，如同失去半条性命。

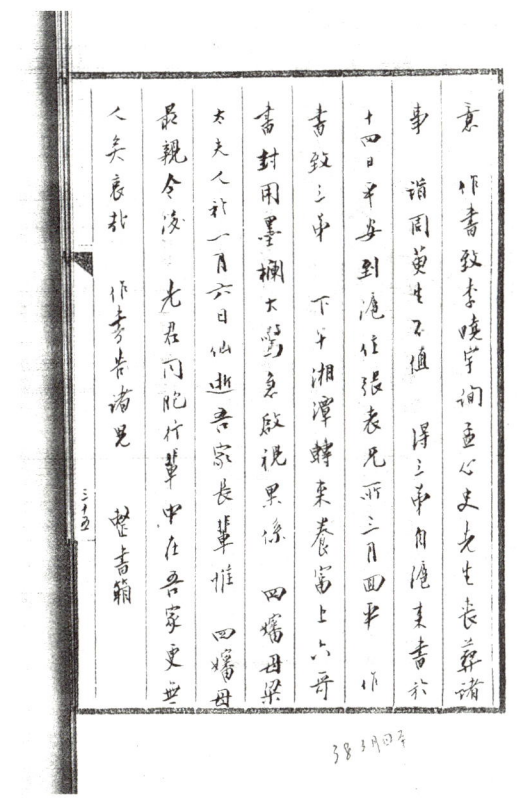

郑天挺 1938 年日记

9月,他又失去了父亲。听闻日军占领北平,85岁的老父陈三立大放悲声:"苍天何以如此对中国邪!"从此拒绝服药进食,以死明志。

现在,陈寅恪面临一个选择。这个选择将决定,他是否还将失去自己的右眼。

作为中国的顶级学者,陈寅恪早已收到来自日方的笼络信号。现在,中日之间已全面开战,要免于日本人的拉拢和胁迫,必须尽快离开北平。偏偏在这时,父亲离世;右眼视网膜剥离,医生叮嘱必须立刻入院手术,不可延误。

【陈流求 陈美延《先父陈寅恪失明的过程》】

那天晚上,祖父灵前亲友离去后,父亲仍久久斜卧在走廊的藤躺椅上,表情严峻,一言不发。

考虑到当时接受手术治疗,右眼视力恢复虽有希望,但需时日长久,而更重要的是父亲绝不肯在沦陷区教书。

当年,美延(小女儿)刚出生,流求(长女)九岁,侧听父母严肃交谈反复商量,从大人的语句中感觉出父母做出决定很慎重,也很艰难。

父亲终于决定放弃手术治疗眼疾，准备迅速赶赴清华大学内迁之校址。

在祖父逝世后刚满"七七"、尚未出殡时，于（1937年）11月3日父亲隐瞒了教授身份，偕妻带女，离开北平，决心用唯一的左眼继续工作。

【郑天挺《滇行记》】

（1937年）11月17日清晨，天气寒冷。我离开了五个幼儿，只身与罗常培、魏建功等教授同车赴天津。

【采访郑天挺次女 郑晏 94岁】

走的那天，我特别记得的是到车站送我父亲。那时候也不知道我父亲上哪儿，他总认为我们是小孩，所以这些话都不跟我们说，从来没有说。

那时候车站已经有日本兵了，我就老担心。因为他在北大的时候，就有人说日本兵要抓他，可是没抓到。结果到了车站，有一个日本兵，把我父亲就给叫过去了。我这心又跳了，都快跳到上面了。可是什么也不敢说。后来我父亲非常坦然地就回来了，当时我心里非常高兴。

他也没把我们托付给谁，就走了，临走的时候跟我说了，你每个月上沙老师那儿去取一百块钱，就是生活费。别的跟他们都没说，就跟我说了，因为那时候是让我管家。

多年以后，回忆起这一段日子，郑天挺如是写道："1937年，我任北京大学秘书长，历史系教授，度过了最不寻常的一年。"

1937年11月12日，日军占领中国最大的城市上海，长江的门户洞开。上海沦陷11天前，长沙临时大学正式开学。在缺乏现代通信手段的时代，在整个华北与华东都在枪炮中战栗的时候，仅凭报纸上的一则启事，师生们隐瞒身份，穿过封锁，与逃难的人群一起向南、向西，奔向自己的大学。在空前的国难降临之时，中国最优秀的三所大学仅用两个月的时间就实现了联合办学——这一切究竟如何能做到，今天的我们实在难以明白。

无论如何，他们做到了——截止到1937年11月底，北大、清华、南开

西南联大

北平沦陷后，郑天挺坚持处理完校务，离开北平前在北京大学拍下照片留念

第二章·刚毅坚卓

三校旧生在长沙临大的报到人数为1120人。长沙一地的校舍不敷使用,文学院就设在了一百多公里以外的南岳。

对于喜欢游山的北大教授钱穆来说,这是个惬意的去处。他带着仅有的一个手提箱在南岳半山住下。而这个手提箱的夹层,藏着钱穆历年讲授中国通史增删集成的五六本厚厚的笔记。

【长沙临时大学教授 钱穆《师友杂忆》】

一日,余登山独游归来,始知宿舍已迁移,每四人一室,不久即当离去。时诸人皆各择同室,各已定居。有吴雨僧(吴宓)、闻一多、沈有鼎三人,平日皆孤僻寡交游,不在诸人择伴中,乃合居一室,而尚留一空床,则以余冲之。

室中一长桌,入夜,一多自燃一灯置其座位前。时一多方勤读《诗经》《楚辞》,遇新见解,分撰成篇。

雨僧则为预备明日上课抄笔记写纲要,写定则于逐条下加以红笔勾勒。在此流寓之中上课,其严谨不苟有如此。

沈有鼎则喃喃自语:"如此良夜,尽可闲谈,各自埋头,所谓何来。"

雨僧加以申斥:"汝喜闲谈,不妨去别室找谈友。否则早自上床,可勿在此妨碍人。"有鼎只得默然。

翌晨,雨僧先起,一人独自出门,在室外晨曦微露中,出其昨夜所写各条,反复循诵。

1937年12月13日,中华民国首都南京沦陷,日军继续沿长江进犯中国的腹地,长沙也时常遭到空袭。

很显然,这座中国中部的城市,已没有太多时间可以安放平静的书桌。

长沙临时大学决定继续南迁。学校发给学生每人20元,教师每人65元的迁校补助,去往云南的昆明。

西南联大

【清华大学档案：1938年1月28日，刘崇鋐等45位教授捐款补助寒苦学生旅费信】

  学校迁滇，学生颇有以经济困难虑不克前往者，其中不乏品学优良之青年。若任其贫困辍学，殊失国家培植人才之意。闻学校拟津贴各教授旅费65元，同人等愿将此项津贴全数捐与学校，作资助贫寒优良学生之用。

  刘崇鋐、叶公超、金岳霖、杨振声、杨石先、袁复礼、梅贻琦、蒋梦麟、郑天挺等45位教授

  今天，从长沙至昆明的飞机只需花一个半小时的航程。而在1937年，云南还是一个极其偏僻的省份，从内地到这个边陲省份的路径复杂又迂回。

  1938年1月21日，长沙临时大学宣布了三条前往新学校的路线。

  第一条是走海路，乘火车经广东、香港，然后乘船到越南海防，再从河内换乘滇越铁路火车到昆明。

1938年2月20日，由300余名师生组成的湘黔滇旅行团从长沙出发（图为出发之前）

徒步行军伊始，采用标准的军队行军方式：两路纵队沿道路的两侧齐头并进

第二条是陆路，即由湘桂公路，经桂林、柳州、南宁，通过越南到昆明。

第三条路线，穿越湘西、贵州和云南东部到达昆明。不知道是谁提出了这样一个建议：尽管这条线路有公路可以通行，但是，师生们可以采用徒步的方式走完这三千里的路程。

1938年2月4日，长沙临时大学贴出这样一张通告：

查本校迁滇原拟有步行计划，借以多习民情，

旅行团团员的统一着装：土黄色军服、绑腿、干粮袋、水壶、黑色棉大衣、油纸雨伞

考察风土，采集标本，锻炼体魄，务使迁移之举本身即是教育。

考虑到女生柔弱的身体和内地艰苦而危险的环境，只有男生才能报名参加旅行团，但是他们必须得通过体检。

最终，284名男同学入选旅行团徒步前往云南，这个数字占到所有南迁学生的30%。今天我们来看这份体检合格的学生名单时，会发现这样一些名字：任继愈、丁泽良、查良铮、郭世康、刘兆吉、屠守锷、李鹗鼎……他们都是日后在自己的领域颇有建树的人物。事实上，今天我们得知，在西南联合大学培养的80位中国两院院士中，出现在这本名册上的学生人数比例达到17.5%。

另外还有一份"长沙临时大学迁滇体弱不能步行人员名单"，在这份名单中有许国璋和吴讷孙两个人的名字。

26年后，《许国璋英语》在中国大陆出版，几乎成为中国人研习英语的

闻一多在途中重新拿起画笔，他风趣地说这也是写日记

第二章·刚毅坚卓

闻一多绘画《金凤山》

闻一多绘画《桥》

途中小憩

通过悬空的重安江铁索桥

埋锅造饭（大队人马到来之前，要先烧好几大锅开水，让徒步一天的人们先把水喝够，然后热水洗脚解乏）

必读之书。

  30 年后，小说《未央歌》在台湾出版，再版八次，影响了几代青年人。作者鹿桥，便是这份名单里的吴讷孙。

刘兆吉　　　　申泮文　　　　任继愈　　　　屠守锷

参加步行团的部分学生

【闻一多致兄闻家骥信】

此间学生拟徒步入滇，教员方面有杨金甫、黄子坚、曾昭抡等五六人加入，因一则可以得经验，二则可以省钱……

闻一多报名参加了步行计划。出发前，他回湖北老家省亲。老友顾毓琇邀请他留在武汉，到教育部任职，闻一多婉辞了。

【采访闻一多次子　闻立雕 90 岁】

我母亲一听炸了。这么好的机会你不留下来，抗战兵荒马乱的，好不容易咱们团聚在一块儿，现在又分开了。而且现在人家给你这个条件，就在武汉成立教育部的这么一个机构，你在这儿工作，既能照顾家，又能够抗战，你平常说抗战抗战，不能口头上说抗战啊。

这么一弄的话，父母之间的矛盾就僵硬起来了。我母亲想着，上面飞机炸，底下敌人的大炮响，在这种情况之下，八口之家，你把七口都不顾了，光顾着你自己一个怎么行？她就跟我爸争执了。

我父亲跟她讲："是这么个情况，学校太困难了，教书的人不教书怎么行？抗战有多种形式，我确实不愿意做官，你知道我一生一世就不愿意做这个官，你不要勉强我。"

反正讲了很多，但我母亲就想不通："五个孩子，大的才十岁，小的还在吃奶，你把这个家全丢给我一个人在这撑着；上面飞机轰炸，一旦炸了怎么办？咱们要死，死在一块儿。"她就为这个事情跟我父亲争吵。

　　最后步行团队伍要出发了，得赶快回去了，不管我母亲同不同意，就走了。那天晚上临走了，给妈妈说"我走了"，我妈不理，把脸转过来。他又把老大和老二叫醒，说"我走了啊，咱们将来在云南再见"，结果自己眼泪流出来了，说不出话来了——哽咽地说不出话来。后来到云南他给我们说，在这种情况之下，我母亲还是扭着头，给他一个屁股，就是不理他；他说："我想到这儿，我就流泪了。"

1938年2月15日，闻一多、李继侗、曾昭抡、袁复礼等教授和同学们一起离开湘江之畔的长沙，开始三千里的徒步西南之旅。

　　与撤离平津的混乱无序不同，长沙联合大学迁往昆明，尤其是湘黔滇旅行团，有着严密的组织和管理。

　　为领导这次行军，湖南省主席张治中选定中将黄师岳担任步行团团长，学校方面派出的团长则是黄钰生教授。在他之下有教官担任大队长，每大队分成三中队，每中队又分为三小队，中队长和小队长都由学生选举产生。有12名学生长期在旅行团本部服务，其中负责记日记三人、摄影三人、无线电三人、图案管理者三人。

　　北京大学外文系三年级学生林振述写下了步行第一天的日记，1938年春，他以"林蒲"为笔名，将日记发表在《大公报》上。

　　我们的船，就在当天晚上12时前后开出的。长沙与零落的街灯，很快便落入黑色的夜空了。

　　船，交给小汽艇拖着前进。艄公抽出身子来，和我们闲谈。

　　他说为了我们的走，他的船被扣了二十多天，才领到两块钱伙食费。

　　"你为什么不逃走呢？"

　　"先生们：这个码头不封扣我们，那个码头便封扣我们，我们没得法子哈。"

问到他为什么不把我们的事,当作他自己的事看待,他眯眯眼睛说:"先生们天天吃肉,我们放几把盐巴度日咧!"

痛苦的心,像夜,日子无边地、忧郁地,压着这老人。

英国剑桥大学数学系,世界数学中心之一,由著名学者哈代领衔。1936年,数学系接纳了一位来自中国的访问学者,26岁的华罗庚,一个与大多数学者有着完全不同经历的年轻人——在被破格提拔为清华大学算学系助教之前,他是江苏省金坛县中学的会计。

【采访英国剑桥大学三一学院教授 伯乐波斯】

我觉得那是一个激动人心的时代。哈代和李特尔伍德是伟大的英国数学家,他们是数学研究的巅峰。华罗庚也是一位很棒的数学家,他向两位伟人学习了很多。在剑桥的这两年对他是非常重要的,这决定了他数学生涯的走向。我得强调,剑桥的教育系统与众不同,或者说整个英

王竹溪(右)与张文裕、华罗庚、吴征铠(从左至右)合影

西南联大

格兰的大学教育都与其他地方不同。其教育的主要目的让你更优秀，更智慧，更勤奋，与你毕业以后做什么工作并没有直接的关系。

与华罗庚同在剑桥深造的，还有年轻的物理学家王竹溪和张文裕。

【采访英国剑桥大学教授　艾伦·麦克法兰】

这里就是剑桥大学卡文迪许实验室，是卡文迪许先生在19世纪晚期创立的。它是世界上仅有的几个最好的科学实验室之一。这里是主讲堂，现代科学中很多伟大的理论突破都是在这个房间里被宣布的。

正如传言所说的，这个走廊中的每一个房间都有一个诺贝尔奖得主。比如说，现代计算机、互联网和电子学的理论基础就是被这里的汤姆逊发现的。他做了关于电子的演讲，发现了第一种基本粒子。多年以后，在这个实验室又发现了中子。在上面这个房间，卢瑟福发明了一种实验仪器，并首次分裂了原子，他因此获得诺贝尔奖。克里克和沃森曾在走廊边的这个房间工作，并发现了DNA。这里的天文物理学家发现了新的星球——脉冲星，也获得了诺贝尔奖。这些科学家让物理学发展出了新的形式，比如量子理论，电子理论以及原子分裂。这是个极为重要的研究机构。不过，实验室现在搬到剑桥西郊的新址了。

在战争爆发之前，来自中国的物理学家也在卡文迪许做研究。那时它的设备和资金都很少，人们甚至要自己制造设备。有这么一个故事，是说一个人走过这条长廊，他看见了那些诺贝尔奖得主们。那些名人正在自己造机器，甚至踩自行车来发电。这个美国人拿出支票本说道："我可以给你们买一座新实验室。""你们用这些简陋的设备能出什么成果？"人们回答说："不用。正因为我们像牛顿那样自己造设备仪器，才能出成果。"这就是英国科研的传统，人们自己动手制造试验设备——沃森－克里克DNA模型就是这样做出来的。

当那两位年轻的中国科学家（王竹溪、张文裕）来到这里，他们学到了现代科研的模式——团队合作，实验室工作，和其他科学家在一起工作，同时要制造实物，这是很重要的一课。特别是对于来自中国这样国家的学生——因为在回国后,昂贵的设备是难以获得的,全得靠自己。

1938年的春天,在剑桥大学深造的华罗庚、王竹溪和张文裕,以及在德国柏林大学攻读气象学专业的赵九章,都在计划穿越欧亚的长途旅行。

他们与此时正在中国西南大山中行走的一群人有着相同的目的地:昆明。彼时的闻一多刚刚年满四十,他在步行途中这样写信给友人:

> 国难期间,走几千里路算不了受罪。
>
> 再者我在十五岁以前,受着古老家庭的束缚,以后在清华读书,出国留学,回国后一直在各大城市教书,过的是假洋鬼子的生活,和广大的农村隔绝了。虽然是一个中国人,而对于中国社会及人民生活,知道得很少,真是醉生梦死啊!现在应该认识认识祖国了!

贵州镇宁的火牛洞里,传来英文歌曲《桑塔·露琪亚》,唱歌的人是闻一多,他用歌声赞美祖国的美景。

20世纪40年代昆明城鸟瞰

童子军列队欢迎旅行团

【采访中国社会科学院研究员 闻一多长孙 闻黎明】

《桑塔·露琪亚》这首歌是什么意思呢？歌词写的就是港口旁边的一个长工，欢迎客人到船上来，他划着船到海上去兜了一圈，一边兜圈一边唱歌，唱什么呢？唱我的家乡，那种自豪感。

对于闻一多来说，这跟爱国思想是一致的啊，所以我不觉得与他后来的主张有什么区别。闻一多爱国，这首歌也是爱国的，都很优美很抒情。闻一多在清华读书的时候，唱男低音，我想大概是在那个时候学会了这首歌。这歌很流行，后来翻译成英语了。所以在他心情愉快的时候，高兴的时候，他就唱这首歌。不仅他在火牛洞唱，在家里也唱，不仅他唱，我爸爸、我姑姑都跟着唱，都会唱。

国立西南联合大学慰劳湘黔滇旅行团

梅贻琦与旅行团团长黄师岳中将握手

湘黔滇旅行团抵达昆明,在圆通公园内列队点名

西南联大

梅贻琦致欢迎词

【历史学者 〔美〕易社强《战争与革命中的西南联大》】

这次经历虽然没有使闻一多立即投身政治行动,或者利用武力反抗现实,但这次行军为他向这条道路发展创造了条件。回首往昔,我们可以看到,从长沙到昆明长途跋涉的第一步,使他走向了殉道之路。

步行路上,一位叫刘兆吉的学生沿途搜集民歌,当搜集的民歌接近两千首时,土地的颜色由深灰变成了红色。

云南到了,不远处就是昆明。

在那里,一所注定将被载入史册的大学等待着他们。

1938年4月28日,湘黔滇步行团结束1663.6公里行程,抵达昆明。队伍做了最后一次点名,随后黄钰生团长将284名学生的名册交到梅贻琦常委的手中。

为迎接步行团,赵元任教授创作了歌曲《迢迢长路去联合大学》。

It's a long way to Lianhe Daxue

迢迢长路去联合大学

It's a long way to go

迢迢长路

It's a long way to Lianhe Daxue

迢迢长路去联合大学

To the finest school I know

去我所知最好的学校

Goodbye Shengjing Xueyuan

再见圣经学院

Farewell Jiucai Square

再见韭菜园

It's a long long way to Kunming City

迢迢长路去昆明

But my heart's right there

那是我心之所在

西南联大

【西南联大教授 任之恭《一个华裔科学家的回忆录》】

　　这所大学在昆明最初创立时,除了人,什么都没有。

　　过了一些时间,都有了临时的住地,或靠借,或靠租。一旦有了土地,便修建许多茅草顶房屋,用作教室、宿舍和办公室。

　　书籍的需要——这是最严重的问题之一——靠重印一些著名的教科书(大部分是英文的)来解决。

在日军占领北平城当天完婚的物理学教授任之恭,带着他的妻子陶葆楷来到了西南联大。尽管有人警告他,同葆楷这样聪明又受到良好教育的女子结婚是鲁莽之举,但他依然遵循了自己的直觉。这对新婚夫妇在昆明的住所,屋顶上布满小洞,从那里可以看到天空。有一次,一条蛇从洞里掉进了屋子,曾经的清华女学霸葆楷以非凡的勇气用长把的火钳夹住蛇,把它扔到了窗外。

清华大学在昆明郊外的大普吉建立了5个特种研究所,任之恭担任无线电研究所的所长。

【西南联大教授 任之恭《一个华裔物理学家的回忆录》】

　　比供应书籍更为困难的问题是获得技术和科学的设备,这几乎是无法克服的困难。

　　在近乎原始的环境中,要讲进行研究几乎有些可笑。但我们这些避难的教授们坚定地相信,研究是保持知识进步的最有效的方式。

【采访西南联大图书馆馆长唐贯方之子 唐绍明 87岁】

　　我父亲历经千辛万苦运到重庆的图书,有一次被日本人炸了,损失了很多,剩下那部分就陆陆续续运到了昆明。我父亲他们就整理这些书。为什么呢?那时三校成立一个图书馆,没有书,南开的炸光了,北大的书搬不出来,清华就这点书了。所以要把他们整理好,送到西南联大图书馆,成为当时学习用的、研究用的一些基本资料。

第二章 · 刚毅坚卓

1938 年 6 月，西南联大文学院由蒙自迁到昆明。中文系教授闻一多最重要的事情，是为一家八口在昆明谋一住处。此前从来不理家务的闻一多，开始面对生活的问题。

【闻一多致妻子高孝贞信】

昆明房租甚贵，置家具又要一大笔款。我手上现无存款，故颇着急。快一个月了，没有吃茶，只吃白开水，今天到（陈）梦家那里去，承他把吃得不要的茶叶送给我，回来在饭后泡了一碗，总算开了荤。本来应该戒烟，但因烟不如茶好戒，所以先从茶戒起。你将来来了，如果要我戒烟，我想，为你的缘故，烟也未尝不能戒。

【采访西南联大教授吴达元长女 吴庆宝 81 岁】

当时梅贻琦校长租下了这一个大院，给清华的教授住。

我这里就画了一张，就是我母亲跟我回忆，惠老师大院的布局，都是住的些什么人。

我比较熟悉的像杨武之、吴有训，他们是住在楼上楼下。

还有就是余瑞璜、赵忠尧。我们住的二层的谷仓也是楼下楼上，楼下就是我们家跟杨业治，谷仓的楼上，住的就是赵访熊跟任之恭。

因为它是原来的谷仓，所以谷仓中间的地板缝就特别大。任伯母要一扫地，我就听见她在喊："吴太太把你的东西都盖上，我要扫地了。"她一扫灰呼啦呼啦地就要下来了。

我们当时的一个感觉，就是杨振宁的父亲，对他的子女要求特别严格。对杨振宁的话，我们叫就是只叫杨大哥，也没有想到他后来怎么怎么样，他比我们大得多，所以也不会跟我们一块儿玩。

【采访西南联大图书馆馆长唐贯方之子 唐绍明 87 岁】

后来有一天晚上，就在我们家旁边一个草坪——离惠家大院还远，就搭了一块布，让家属小孩看电影。是部科普片，一看英文看不懂。后

西南联大

1942年杨振宁与弟妹们摄于昆明惠家大院

来有的人说:"叫杨老大给我们翻译。"杨老大是谁?杨振宁!我们小孩就叫他杨大哥,大人就叫他杨老大。然后去把杨振宁叫来了,他就在旁边解说。我最记得他讲的水有两种,一种是软水,一种叫硬水;硬水就是里面有矿物质,所以水要热了以后,矿物质挥发以后你再用。

杨振宁母亲坐我旁边,他母亲人很活跃的,就说:"大家听见了吗,以后我们烧水就烧热再用,这才行的。"

【采访西南联大物理系学生 物理学家 杨振宁 95岁】

1938年的秋天,我就变成正式的西南联大的一年级的学生。

所以我记得1939年吧,王(竹溪)先生得了Ph.D(博士学位)就回来了,所以当时西南联大物理系、数学系,有几个非常年轻的教授,都是在国外已经发表过很重要的文章了。吴大猷比他们算是早了七八年那样子。我念吴先生的课是在大四。

余瑞璜一家在昆明

赵忠尧一家在昆明

【西南联大教授 吴大猷《回忆》】

哪一天才能得到胜利？这是遥遥无期的。然而时间一去不复返，所以不能坐等。

1938年冬，我决定开始撰著一篇关于"多原子之结构及其振动光谱"的专论。书是献给我的妻子冠世的。

1995年，88岁的吴大猷在台北接受采访，谈到西南联大这一段岁月，他说："在昆明那一阵，可以说大家一样的看法，抗战无论怎么苦，我们一定要坚持下去。一切都寄托在将来，大家一定要有信心，总有一天，战事要结束。"

第二章·刚毅坚卓

吴大猷与阮冠世南开合影

【采访云南师范大学教授 余斌】

这个地方是龙头村的弥陀寺，一共有三进，从大门进去以后呢，第一进，一进门左边就是国学大师冯友兰住的地方。他当时在抗日战争时期写了一部著作，叫《贞元六书》，这部著作第四部叫《新原人》，《新原人》就是在这儿写的。这部著作相当了不起，可以说奠定了冯友兰先生在中国哲学史上的地位。当时因为生活比较困难，冯友兰太太呢还支了一口锅，就在院子里面炸麻花，那边学生就跑到这里来买麻花。这也是一个很有意义的图景，说明抗战时期艰苦的生活片段吧。

在昆明附近的小城呈贡，费孝通尝试构建社会学版的卡文迪许实验室：燕京—云南社会学研究站，并写作《禄村农田》。

中文系教授王力出版了中国现代语言学的奠基之作——《中国现代语法》，他的同事罗庸写出了《鸭池十讲》。

吴宓以课堂讲义为基础，用英文写作《世界文学史大纲》。

汤用彤的《中国佛教史》和《汉魏两晋南北朝佛教史》、赵九章的《大气之涡旋运动》、冯景兰的《川康滇铜矿纪要》、周培源的《湍流论》等大批奠基性论著，都完成于战时昆明。

郑天挺开始留意西南边疆问题，并撰写《发羌之地望与对音》等著作。

他的五个孩子在北平独立生活，二女儿郑晏操持家务。

【采访郑天挺儿子 郑克扬】

我父亲在湖南那段时间，知道他的弟弟，就是我叔叔也到了湖南，他们就在株洲见面。我叔叔原来是个日本留学生，学法律的。九一八之后在日本抗议，后来他们这批人，日本人也要驱除，他们也就全自动回国了。

见面之后，我父亲就委托他，希望他回北平，照顾我们几个孩子。当时又没有经济来源，他也不是很愿意，但是还是接受了。我父亲当时只提出一条，你要让我的孩子都读书。所以我们后来生活很苦，几个月就是棒子面、窝头什么的，可是读书始终没有断，等于是他完成了我父亲给的诺言。

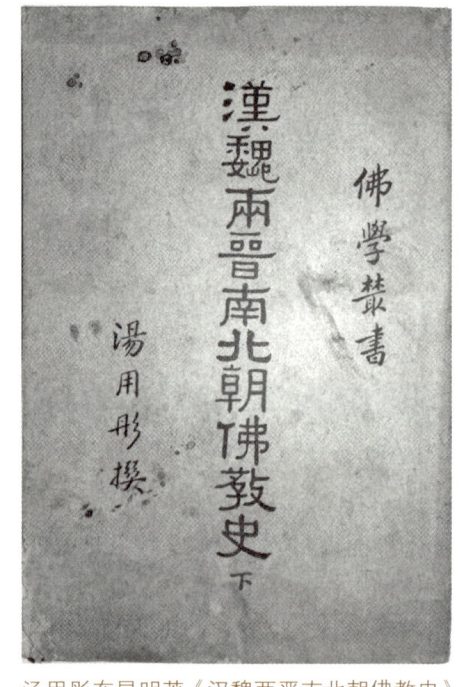

汤用彤在昆明著《汉魏两晋南北朝佛教史》

他自己呢，坚决不为日本人服务，所以前些年他是坚决不工作。但是后来到1940年以后，因为我父亲也没什么经济来源，家里能卖的东西都卖完了，生活实在没办法了，大概到1942年，他就到编译馆里面找了一个编辑工作。

那些年，等于是父亲自己走了，把我叔叔动员回来了，动员回来实际上替他承担父亲的责任了。

我这叔叔也就一直没有结婚。

右眼失明的陈寅恪偕妻女经广西抵香港，因夫人心脏病发作不能同行，只身取道海防到云南蒙自西南联大文学院授课，历尽坎坷。

那时，他的左眼视力亦开始恶化，依然坚持准点到校上课。像当年在清华园一样,每次上课,他用花布或者黄布包着一大包书匆匆赶来,满头是汗,却从不迟到,婉拒学生为他提书袋的好意。北大文科研究所助教邓广明回忆:"陈先生上课一丝不苟,多数时候先抄了满满两黑板资料,然后再闭上眼睛讲。他讲课总是进入自我营造的学术语境或历史语境,似乎把世事忘得一干二净。"

空袭警报响起时,陈寅恪常常带着凳子在住所前的大土坑中躲避。昆明多雨,坑里经常水深盈尺,他常常坐在水里,等待警报解除。

1941年12月8日,日本偷袭美国在太平洋的主要海军基地珍珠港,发动对英、美等国在太平洋属地的进攻。同时,英、美对日本宣战,太平洋战争爆发。

【采访西南联大图书馆馆长唐贯方之子 唐绍明 87岁】

以后物价飞涨,西南联大有个教授叫杨西孟,他做了统计,经济学的物价指数。那时清华、北大的教授,特别是清华教授,400元到500元到600元,抗战时候还拿到这钱,实际上等于战前的14块钱。

陈寅恪及其家人1939年秋在香港

西南联大

【台湾学者 胡国台】

抗战发生以前,大学教师平均薪水是200块国币,当时一个工人的薪水只有3~5块。所以刚开始前几年,他们靠积蓄过日子。但是时间往后延,生活越来越清苦。清苦来自两个方面:一方面是政府薪水拨的比较少,没有全额拨,起先是百分之七八十,后来到了百分之五十。第二方面是因为通货膨胀。大概以太平洋战争爆发的时候为分水岭,爆发前跟爆发后,个人实际收入大概二十分之一,就是战前的二十分之一。通货膨胀实际上达到两千倍。

1943年,英国剑桥大学教授、《中国科技史》作者李约瑟主持的"英国文化科学委员会驻华使团"访问云南。

【采访李约瑟图书馆馆长 墨菲特】

李约瑟在中国东南和西南地区旅行时写了日记,非常详细。每天都有记载,比如他到的地方,物价,他拜访和遇见的人。这里,128页,讲到他造访西南联合大学。他还去了呈贡,在那里见到许烺光和费孝通。他还总是记录他所买东西的价格,在1943年8月22号,他们两个人吃午饭花了660元,蚊香240元——蚊香卖得真贵啊!可见物价高得离谱了!

当李约瑟走访了那些简陋的研究机构和实验室之后,他在报告中写道:中国科学工作者在自己国家的边远地区坚持研究,表现出顽强的毅力和勇气。在逆境中,他们表现出非凡的乐观与豁达。

【西南联大教授 华罗庚自述】

(20世纪)40年代的前半叶,在昆明城外20里的一个小村庄里,全家人住在两间小厢楼里,食于斯,寝于斯,读书于斯,做研究于斯。

晚上,一灯如豆。所谓灯,乃是一个破香烟罐子,放上一个油盏,摘些破棉花做灯芯。为了节省点油,芯子捻得小小的。晚上牛擦痒痒,擦得地动山摇,危楼欲倒,猪马同圈,马误踩猪身,发出尖叫,而我则

第二章·刚毅坚卓

1944年李约瑟（左一）访问中国西南时与友人的合影

李约瑟夫人与许烺光和吴学周之子吴景阳

西南联大

与之同作息。那时，我的身份是清高教授，呜呼！清则有之，清者清汤之清，而高则未也。在这样的环境中，埋头读书，苦心钻研。

就在这个小厢楼中，华罗庚完成了他的第一部学术专著《堆垒素数论》。多年以后，他被誉为"中国现代数学之父"。

【采访闻一多次子 闻立雕 90岁】
　　我们家人口多，吃饭穿衣都受影响。开始的时候，我父亲就借钱。他的学生陈梦家两口子在学校里头教书，两个人挣钱，又没有子女，他就比较宽裕。我父亲跟学生关系一直都很好，所以借钱有时候就找他。

华罗庚一家在昆明

后来向朋友借钱困难，就向学校提前预支薪金，一次两次可以，次数多了也不行。然后就是压缩经济，节约嘛。半个月，一个月都不吃肉，不用油，大人的衣裳孩子能穿的就孩子穿。最后有一个冬天，我父亲穿上一件狐皮大衣到城里面上课去了。那时候大家都是这样的，因为防止敌机轰炸，都住在城外。但是学生上课还在城里，所以把自己的课排好，是礼拜几哪一天什么时候，这一天自己就去。

那一天他去了，回来的时候，大衣没回来。我母亲就问了一句："衣裳哪儿去了？"他说："没有办法，昆明不太冷，熬一熬就过去了，我拿去委托行里寄卖去了。"我母亲听了以后火了："全家八口人就靠你一个人挣钱，你再病倒了之后，那谁养活这一家子？"不行，发脾气，叫我赶紧进城，"现在是下午还来得及"。我进城到那个委托行一看还在，把条子给它拿掉，把大衣取回来了。

所以在这种情况之下，研究所里的人，大家都出主意，看闻先生这个困难怎么解决怎么办。后来不知道是谁，可能是朱先生，朱自清说："闻先生你不是会刻印吗？刻印也可以找一点收入。"

大家你说一句，我说一句，父亲就说我试试看。到城隍庙地摊上，用旧石头刻印章。我那个章到现在都还在，给我们几个孩子一人刻一个。一位姓徐的朋友买了一把刻刀送给我父亲。朱自清呢，抗战期间买的印油也送给我们，还有一个教授浦江清骈体文写得很好，他说："我没有东西支援你，给你写一个片头语，介绍闻先生。"文章写得相当不错。

就这样我们勉勉强强把最困难的时期度过了。

【闻一多自述】

我这一二十年的生命，都埋葬在古书古字中，究竟有什么用……现在，不用说什么研究条件了，连起码的人的生活都没有保障。国家糟到这步田地，我们再不出来说话，还要等到什么时候？

【采访中国社会科学院研究员　闻一多长孙　闻黎明】

他体会到了老百姓需要什么，这种现象是怎么造成的？他就开始慢

西南联大

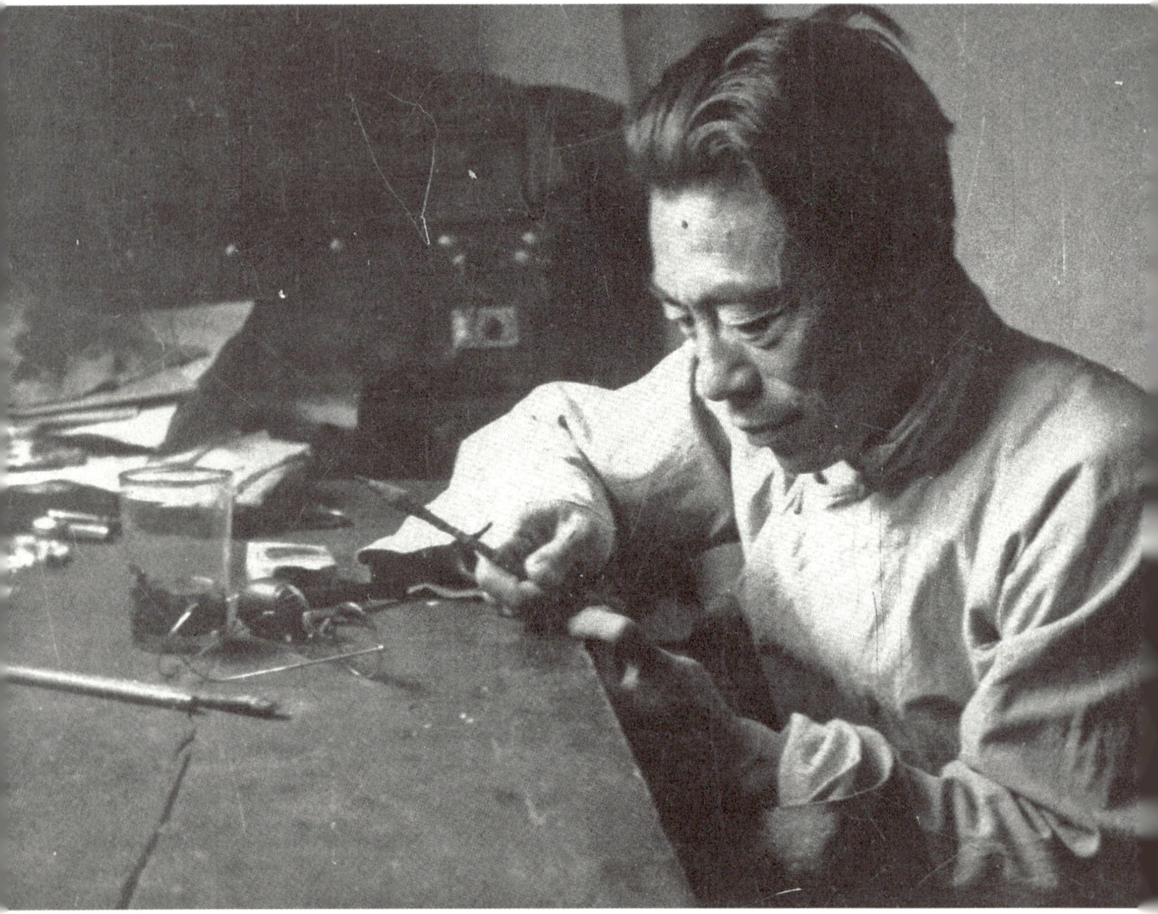

抗战中后期，物价暴涨，因全家时在断炊威胁中，闻一多不得已挂牌治印

冯友兰印

吴晗印

闻一多印

叶公超印

慢地变了，因为那个时期，他开始接触到共产党的一些主张。闻一多他承认现实，他追求真理，谁维护国家利益，就拥护谁。当时国民党抗战不力，消极抗战，他看到共产党确实积极抗战，所以拥护共产党。

1944年纪念五四运动，是一个很大规模的运动，闻一多在纪念五四运动青年会上发言，喊了一个政治口号，就有很多进步青年，进步人士注意到他。他就慢慢介入了政治。

【采访闻一多最后一次讲演记录者 余丹】

那时候的聚会呢，差不多一个是在云大广场，一个是在西南联大的民主草坪。我记得1944年，在云大开个什么会，开着开着会呢，下起雨来了，群众有些就跑到屋檐下去躲雨。闻先生就即兴讲了那个武王伐纣的故事，讲完这个故事以后就说，今天也是天洗兵，勇敢的人站拢来！大家又回到原来的位置，他就在雨中讲，大家也在雨中听。一直完了以后，按计划进行了游行。

【采访西南联大历史系学生 全国人大常委会原副委员长 王汉斌 92岁】

当时地下斗争需要印刷品，那么最重要的一件事情就是办自己的印刷厂。我们就向闻先生求助，他就刻图章挣钱来帮助学生运动。我记得闻一多出资六万，数字在当时还是相当吓人，而且闻先生家里生活非常困难，这是人所共知的。

1943年春天的时候，吴大猷开始养猪补贴家用。
在物质生活已经极度艰难的时候，妻子阮冠世病危了。

【西南联大教授 吴大猷《回忆》】

有一天，梅贻琦和郑天挺先生来看我们，看到她仰卧在一张行军床上，已不能转头说话，彼此都相对无言。我很害怕，仿佛有一种无形的压力。那时，最希望有个人来，这样，可以让我稍微离开片刻，使自己镇定一下。

第二天，北大办事处派来一位金先生，预备帮我料理后事。

可冠世并没有放下我,她仍旧活着。

买菜煮饭我都不怕,最害怕也是最生气的是生不着炉子。我很了解生炉子的方法,可实行起来,却不是那么简单的事。没有办法,只好将未烧着的煤炭,放到邻居炉子上先煨红,再拿回放进自己炉子里。早上有课时,我便提上菜篮和一杆秤,到了教室,将它们放在黑板下面。等下了课,再到市场买好菜回家。

物质生活困难是实情,毋庸讳言,但使我感到最难支持的还是由于冠世长期卧病所产生的巨大精神压力。有些朋友称赞我是一个"标准丈夫",他们不知道我是一面在照料生病的妻子,一面却过着特别"逃避"的生活,就是埋头写书,借以解脱。在这个时期,写了一部专门讨论近年来物理发展的书,专著了十七篇研究论文,将德文关于群论的书译成英文。

【采访西南联大物理系学生 物理学家 杨振宁 95 岁】

那个时候的确非常困难,我觉得吴太太整个在昆明的一些年,多半的时候都是躺在床上。而且非常瘦。

经常吴先生上完课后我们要继续问他问题,他都是留在那儿跟我们讨论。西南联大有一个新校区,有一个南门,有一个不正式的北门,从那一出去,就有一条路一直通到北边岗头村,当时吴先生就住在那里,所以课后他要去赶马车。

那个时候乡下这些村庄跟昆明之间,走的不是牛车就是马车。这个木头车上通常可以对面坐两排人,每排三个人,所以最多可以坐六个人,那个车是一个很重要的交通工具。而且多少是定时的,有时候每小时有一辆。所以我们就常常站在北门那儿还继续讨论物理,等到马车来了,吴先生坐上去。有一次他坐在那个马车上,后来不知道什么原因掉下来了,人还受伤了。那天的情形我记得很清楚。

在 1942 年春天,我立刻就要得学士学位了,那个时候根据规定,要写一个学士论文,所以我就去找了吴先生。

【采访吴大猷】

那一年很奇怪,有好些个很好很好的学生,后来都有成就,都变成有成就的物理学家。

我这门功课教完之后,期末了,出了十几二十个题目,不同的题目,让学生自己选一个题目,做一篇论文。杨振宁他选的论文,就是用数学里面一个所谓群论的方法,去研究分子的运动光谱。

【采访西南联大物理系学生 物理学家 杨振宁 95岁】

所以我的学士论文,是他指导写的。学士论文这件事情,对我的一

左起杨振宁、吴大猷、马仕俊

西南联大

李政道与吴大猷

生有决定性的影响，因为他把我引导到了一个领域，这个领域跟这个对称有关系。后来李政道跟我得了诺贝尔奖，就和对称这个领域有密切的关系。

1945年的春天，忽然有一个胖胖的、不到20岁的孩子来找吴大猷，拿了一封推荐信。这个孩子叫李政道，他成了吴大猷的学生。

第二章·刚毅坚卓

【西南联大教授 吴大猷《回忆》】

李（政道）应付课程，绰绰有余，每天课后都来我处请我给他更多的读物和习题，他求知如此心切，简直到了奇怪的程度。有时，我风湿病发作，他替我捶背。他还常帮我做些家务琐事。

第二年，经吴大猷推荐，李政道赴美国留学。

十多年后的一个冬天，在加拿大的吴大猷教授几乎同时收到他的学生杨振宁和李政道写来的信——他们刚刚获得1957年诺贝尔物理学奖。

1957年诺贝尔物理学奖颁奖现场

西南联大

1957年诺贝尔物理学奖颁奖现场

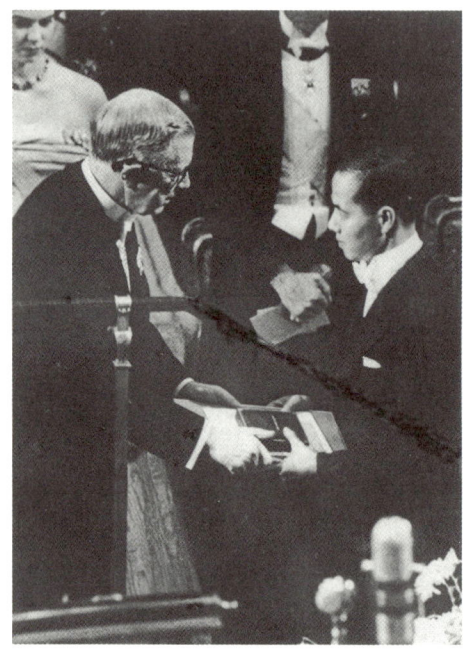
1957年诺贝尔物理学奖颁奖现场

振宁后来的大部分研究成果，包括对宇称原理的研究，都直接或间接源于大猷师在15年前春的教诲。多年以来，振宁牢记此受教之意，今日或许是最好的答谢时刻。生振宁（一九）五七年十月三十一日

现在的成就，大部分由于在昆明时您的教导，而假使（一九）四六年没有能来美的机会，那更根本不可能会有这几年一类的工作。此点我深深感觉。特此致意。生政道（一九五七年）十月三十一日

1945年8月15日，日本天皇裕仁宣布日本无条件投降，陈寅恪写下《乙酉八月十一日晨起闻日本乞降喜赋》：

降书夕到醒方知，何牵令生见此时。
闻讯杜陵欢至泣，还家贺监病弥衰。

> 国仇已雪南迁耻,家祭难忘北定时。
> 念往忧来无限感,喜心题句又成悲。

过去的几年中,陈寅恪曾经两次试图去英国治疗眼疾,希望能挽救左眼的视力,终因战事突起而未能成行。

日军占领香港时,他正担任香港大学客座教授,生活艰难,但依旧拒绝敌人的"关照",终于在一个暴风雨的夜晚逃离香港,返回广西。

1944年12月,陈寅恪左眼视网膜脱落,从此双目失明。

1945年11月,郑天挺回到北平,负责接收北京大学校产。

【采访郑天挺次女 郑晏 94岁】

我特别记得,有一些亲戚去接了,父亲回来了,吃饭什么我都得要张罗好,所以我就没有去接。

我父亲看见我第一句话就说"劳苦功高",说了这么四个字。

【采访郑天挺之子 郑克扬】

接他的时候我是去了。一方面当然很高兴,一方面也很紧张。去了之后,一句话也说不出来,也没有叫"爸爸"。因为从我记事起就没有见过他,所以当时完全叫不出口。第二天我在屋里头写字,他就过来看看,最后拍着我脑袋,自己也说不出什么话来。

照顾我们的叔叔,一直没有结婚,最后还得了肺病,1944年就去世了。所以我父亲回来的时候,一看到那个牌位,眼泪就掉下来了。

【西南联大教授 〔英〕白英《闻一多印象记》】

1946年4月30日,我去看了闻一多教授。

他说,同学们在这儿干出了惊人的事情,他们走上了艰难的道路,他们愿意承担困难。

西南联大

1946年郑天挺返回北平，与儿女一起摄于卢沟桥

闻一多谈到的"惊人的事情"，就是那场著名的一二·一运动。1945年12月1日。西南联大师生发起反内战的爱国民主运动，四名青年学子在运动中牺牲。

1946年3月17日，闻一多和西南联大十几位教授参加四烈士出殡。昆明万人空巷，挽联、漫画、钟声震荡全城。

1946年7月11日，西南联大最后一批复员的同学离开昆明。当晚，爱国民主人士李公朴遭到暗杀。

白色恐怖笼罩昆明。7月15日，闻一多依然做了最后一次讲演。

第二章·刚毅坚卓

【采访闻一多最后一次讲演记录者 余丹】

他一来,我当时就预感到,会有一个很重要的演讲,我就很快,尽可能把他的原话记下来。原来李公朴夫人讲的时候下面还有轻声的这种哭泣的声音,但是闻一多一上来呢,大家一下子安静了,一点声音都没有。

他一开始就说:"这几天大家晓得,在昆明发生了历史上最卑劣、最无耻的事情,李先生究竟犯了什么罪,竟要遭到这种毒手?他只不过用笔、用嘴,写出了、说出了没有失去良心的中国人的话。"

多少年了,真的是忘不了。而且闻先生的每句话,只要是我所能记得的,多少年来,好像都在我的耳边响着。

一二·一运动中的西南联大学生

西南联大

在昆明街头游行的西南联大学生

【西南联大教授 〔英〕白英《闻一多印象记》】

  我们穿过文林街，我说我打算很快飞往北平。

  他握住我的手。

  "我们一定要和平，一定要和平。别的算不了什么。"他露出牙齿微笑着。

  我久久目送他顺着小街走去，蓝色的长衫在风中移动着。

  这是白英最后一次与闻一多相见。1946年7月15日，闻一多被国民党特务枪杀于昆明街头。

第二章·刚毅坚卓

1926年的秋天，闻一多写下一首名为《也许》的诗作，纪念夭折的女儿立瑛。今天的人们读到这首诗，想起的却是闻先生本人——一个如孩子般纯真又纯粹的灵魂。

> 也许你真是哭得太累，
> 也许，也许你要睡一睡，
> 那么叫夜莺不要咳嗽，
> 蛙不要号，蝙蝠不要飞。
> 不许阳光拨你的眼帘，
> 不许清风刷上你的眉，
> 无论谁都不能惊醒你，
> 撑一伞松荫庇护你睡。
>
> 也许你听这蚯蚓翻泥，
> 听这小草的根须吸水，
> 也许你听这般的音乐，
> 比那咒骂的人声更美。
> 那么你先把眼皮闭紧，
> 我就让你，我让你睡。
> 我把黄土轻轻盖着你，
> 我叫纸钱儿缓缓地飞。

闻一多去世若干年后，清华园树立起"西南联合大学纪念碑"，由位于西南联大昆明旧址的原碑复制而来。石碑的一面，刻有冯友兰撰文、闻一多篆额、罗庸书丹的碑文；另一面，刻着西南联大的校训：刚毅坚卓。

1937年的那个夏天之后，闻一多永远告别了水木清华，那是他至死怀念的家园。1945年初冬，陈岱孙教授回北平接收清华园时，问闻一多有什么事要代办。

闻一多说，你看看我那屋前的竹子，还在不在？

西南联大

抗战胜利后剃去长须的闻一多

"联二代"吴庆宝访谈录

> 吴庆宝,西南联大外文系教授吴达元长女,1937年生于北平,毕业于北京大学数学力学系。退休前任华北计算技术研究所高级工程师。

1. 惠老师大院的叔叔阿姨和哥哥姐姐们

我们家刚到昆明的时候,日本飞机轰炸得也特别厉害,所以当时西南联大的教授,都分散住在郊区。我们家在郊区住过几个地方,其中我对惠老师大院的印象特别深。当时梅贻琦校长租下这一个大院,给清华的教授住,有段时间梅贻琦校长本人也住在这个大院里头。我这儿画了一张,就是我母亲跟我回忆,惠老师大院的布局,都是住的些什么人。

我比较熟悉的是杨武之,就是杨振宁的爸爸;还有吴有训,大院里头的一个小楼,他们住在楼上楼下。

还有就是余瑞璜、赵忠尧。我们住的那二层的谷仓也是楼下楼上,楼下就是我们家跟杨业治,是学德语的一个老师。杨业治跟我父亲是中学、大学同学,我跟杨业治的孩子是小学、中学同班同学,所以我们两家的关系特别密切。那个谷仓的楼上,住的就是赵访熊跟任之恭。

我们是小孩嘛,就觉得这些都是叔叔伯伯,都是对我们这些小鬼很好的。至于他们在各自的领域有多么厉害,多么了不起,小孩是没有概念的。我的记忆里头,就只有一些特别可笑的事。

任之恭夫妇住在我们楼上。我只有一个印象,这个倒不是父母跟我讲,我自己印象特别深。因为我们住的楼是原来的谷仓,所以谷仓中间的地板缝就特别大。任伯母要一扫地,我就听见她在喊:"吴太太把你的东西都盖上,我要扫地了。"她一扫灰呼啦呼啦地就要下来了。另外像赵忠尧,在大院里头做过墨水,就是补贴家用,做肥皂,这个我们知道。赵访熊伯伯的夫人是有名的美人,所以赵伯伯就特别能干,还会裁衣服。吴有训伯伯呢,教他的孩子特别有耐心。他的女儿念"蝴蝶飞,蝴蝶飞,飞来又飞去",边念边在前面跑,吴伯伯就在后面追着,也跟着念。我们觉得挺有意思。

然后像余瑞璜,他解放以后也是院士,后来到了吉林大学。余瑞璜的爱人叫李宝环,她是大院里头最有名的人。她是学助产士的,有一年大概是1942年,全院同时生过好几个小孩,都是女孩,只有我弟弟是一个男孩。她都负责教人怎么样去带这个孩子,然后就一个孩子一个孩子帮着洗澡,因为这些当妈妈的实际上在这上面好像都不懂。所以她帮过忙的这些小孩的父母,都替小孩认了余伯母和余先生做干爹干妈,就这个关系一直也都保持着。

我们当时的一个感觉,就是杨振宁的父亲,对他的子女要求特别严格。我们经常小孩顽皮,就听到杨伯母追着她那孩子要求洗脸,就喊着雪白雪白,雪白的意思就是你必须把自己洗得雪白雪白的。就这个我们印象特别深,当时大家对杨伯母的感觉就雪白雪白。

当时大院里头小孩互相称呼,比我们大的我们就叫哥哥、姐姐,所以对杨振宁的话,我们就是叫杨大哥。也没有想到他后来会得诺贝尔奖。他比我们大得多,所以不会跟我们一块儿玩。

然后中间的那个院里头,就是大家在那玩。常常比较大的孩子,就跟大人一块儿弄起一条大绳,然后大家就轮着跳。那时候因为我比较小,我还不到五岁,所以是我爸爸抱着我跳绳,我有这个印象。这些大院里头年轻的教授,也都跟着跳,也跟着甩绳子,你说这个大院里头还是蛮和谐的。

2. 我们住在惠家大院的日子——爸爸妈妈和我

我们和杨业治两家住三间房,两家各住一间,中间的那一间,就是大家公用。中间有一张大桌子，吃饭的话，他们家在一边，我们家在一边。然后只有大人在大桌子上吃饭，我跟杨业治的女儿两个人呢，就在大桌子下面坐着。大桌子下面也没有小桌子，就是一个木头的肥皂箱翻过来，然后我们两人各坐一个小板凳。

这个印象为什么特别深呢，是因为我们两个人底下老嘀咕，什么时候我们才能到大饭桌上，跟大人一块儿吃饭。结果有一天就完成了这个事情。这是怎么回事儿呢？在我们后面的那个墙洞里头，跑出来一只大老鼠，你要知道昆明的老鼠是很大的，得有一个男人的鞋底那么大！一个大老鼠在前面跑，大老鼠平常我们看惯了也无所谓，但是大老鼠后面就跟着一条蛇，那条蛇就追着大老鼠，然后那个蛇后面，又一只大老鼠，就追着这个蛇，就跑到墙对面的那个洞里头，然后一串就都进去了，把我们两个吓得够呛。从那以后，我们俩就升到大饭桌上吃饭。

父亲的工作基本上是这样，三天到城里头上课，三天就在家里头做科研或者是备课就是这个样子。我父亲因为经济很紧张，所以都是走着进城。都是穿草鞋。所以他一次来回就要两双草鞋，因为非常地远。下雨的话就有一把黑布伞，打着这个伞回来就是一身泥一身水。

吃的话就是米饭菜。有一次大家吃得特别高兴的，是吃蝗虫。我们外面就是一片田地，结果许多蝗虫飞来，我们都跑去抓蝗虫去了。抓了蝗虫回来就烤着吃，或者炸着吃，那蝗虫可香了。

我的印象里头出过一次事。我妈妈给我做了一件小旗袍，我穿着那件小旗袍以后特别得意，就找来两根竹竿，把竹竿架在胳膊底下。我小时候特别顽皮，架在胳膊肘底下学潘光旦走路，因为潘光旦不是一条腿没有吗，走路是一瘸一瘸的。所以我也架着拐，架着竹竿就这么走。

因为是新做的衣服，等架完拐回去以后，这两个胳肢窝底下全给挂了一个窟窿，这下子不但是说，是被揍了一家伙：好不容易给你做了件新衣服，你就这么折腾。

西南联大

当时的照明全部都是油灯。这个事情我印象特别深，因为我父亲除了教课以外，他就在惠老师大院里头开始写《法国文学史》。那么写这本书，就需要很多参考书籍。我父亲都是自己把这个书，从城里的图书馆带回来，然后用完了以后，这些书又带回去，所以不但要自己走，而且还要负重。

我父亲的近视程度特别深，有八百度或者一千度的样子，然后在油灯下写作的话，很多时间是用毛笔写，这个眼睛坏得就更厉害了。但是当时他还是做了这个事情。

我在惠老师大院的时候，那一拨小孩都认了余瑞璜夫妇做干爹干妈妈。这个事我当时就觉得说，为什么我弟弟有干爹干妈，我就没干爹干妈？所以有一次在西南联大的校园里头，我就看见了黄子卿夫妇。因为心里头早就惦记着这些事，我就问他们，黄伯伯、黄伯母我想认你们做干爹干妈可以不可以？结果他们俩高兴得不得了。什么原因？他们是四个儿子，没有女儿。他们说："好好好。"我就接着去上我的学了。

这事我回家也根本没有说。等下午的时候，干爹干妈两个人，就带了一包动物饼干，大概一斤重一袋的动物饼干，就到我们家去了。说我们来看我干女儿了，我爸妈当时都愣了说怎么回事儿。后来这么一说，大家都笑了。我干爹干妈对我一直非常好。

3. 常常来蹭饭的朱自清伯伯

朱自清跟我们家来往比较密切。因为我父亲写《法国文学史》，我父亲每写完一章，朱伯伯就拿去做文字润色。所以我父亲在书里特别写明，朱伯伯帮他润色文字，给他特别帮助，所以对他特别感谢。

朱伯母叫陈竹影，她住在四川，所以朱伯伯在昆明没有家。他到我们家来的时候，就跑来跟我们家阿姨说，"我还没吃饭呢"。

所以我妈妈跟阿姨两个人，就去给他做饭去了。我们广东人要吃一种糯米粉做的食品，就是拿糯米粉调了以后，在锅里头拍，一直把它拍得很薄很薄，上面撒上芝麻糖和炒过的花生。把压碎的花生卷起来再切着吃。朱伯伯特别爱吃这个,但是他有胃病(最后他也是因胃溃疡去世),所以朱伯伯吃这个,差不多的时候,我妈妈就会提醒他:"朱先生差不多了啊。"

4. 讲讲我们联大附小那些事儿

联大附小老师的质量很好,就是对我们要求很严格。每个班的学生不多,我们班里头后来出了一个院士,就是霍秉权的儿子。反正我觉得别人都挺有成就的。

我们班很有意思。忽然有一天,来了两个同学,就是杜聿明的儿子,一个叫杜致严、一个叫杜致勇。我们班的同学一般都是走路上学,可是他们两个就是骑着马,后面跟着马弁来上学,或者有的时候吉普车送他们来。他们俩的功课不是太好,可以说是比较糟。有一年,杜聿明运来四头大象,搁在翠湖公园里面了。我们班是最先知道的,因为他们两个来就向我们班宣布,他爸爸弄来这几头大象。所以我们下课了以后,一窝蜂全班人都跑到翠湖去看大象去,别的班后知后觉,当然也都去翠湖看大象。

我们后来聚会才知道,沈从文有一个儿子,也在我们班。现在说起来我有时候开玩笑,我说为什么这些同学能够聚在一块儿,就是因为父母都是相识的。

我们也干过坏事。我们上学就要从中法大学出来,经过云南大学,然后再走过西南联大的一些试验田。试验田里面麦子要成熟的时候,我们就去掐它的麦穗,烤着吃,吃了搞得一嘴黑。这下回去家里就知道了,说你们知道不知道,这是人家的试验田?你们把人家试验田的东西都给吃了!

后来我们倒也学乖了,照样还是去掐那个吃,但是吃完以后记得把嘴弄干净,别黑黢黢地回到家里。好像是这么弄来的东西,比什么都要好吃。

华罗庚走路的样子,不像后来你们看见的一瘸一瘸这样走,这是到国外治过后的情形。他在昆明走路的时候,是拿着一根拐杖,

西南联大

这个拐杖绕一圈,然后这个脚跟着绕一圈往前顶一步。然后拐杖再绕一圈,腿再绕一圈,然后往前走一步。曾经我们有一串小学生,就跟着华罗庚的后面,他怎么走,我们也跟着怎么走。华罗庚气得就回头看看我们,也拿我们没法,我们就跟他走了一段。所以后来我上大学,上的是数学系,再看他来北大数学系做报告的时候,我最注意的是看他怎么走路。

联大附小有一个图书馆,那个书可以借回来看。我就一本一本接着看,有的时候看着有趣的就一边走路一边看,那时候路上没那么多车。昆明的路脏极了,大小便什么东西路上都有,踩着也保不住,但就是为了看那书舍不得放。这不单是我一个小孩,我觉得联大附小的孩子们都是这样。

5. 那些艰难的日子,父母是怎么熬过来的

我父亲除了写书以外,他为了维持家里的生活,还要做兼职。中法大学就是一个兼职的工作,然后在云南大学的医学院也兼过职,在昆明广播电台也做过法语广播和法语编辑。我母亲当时在昆明,就做三家家教。后来我妈妈就跟我说过,她说我教三家家教,比你爸爸西南联大一个月的工资还要多。除了这个以外,我母亲还做过果酱来卖。我跟我弟弟两个人最开心的一点,就是煮果酱的时候,都弄完了以后有一个锅底,这个锅底两个人刮着吃,那是最香的。

后来飞虎队在昆明的时候,我妈妈就刺绣,绣围巾、绣手绢,然后就搁到一家广东人开的公司里头寄卖。当时飞虎队队员对这些刺绣特别感兴趣。我后来才意识到,父母在抗日战争时期,还是非常辛苦的。如果一直在北平的话,我母亲都是在家里当太太,不会有这样的一些事。

还有就是上小学的时候,中午常常下大雨嘛,家里头就给我送饭来。但是我们家连个饭盒都没有,就那么一个奶粉盒给我装着饭菜来。所以在我的心里头,特别羡慕人家有饭盒的小孩。后来我就跟我的孩子说,只要看见饭盒不一样的,我就得去买饭盒。我们家

奇奇怪怪、大大小小的饭盒特别多。我刚结婚的时候，第一件事就去买了一个提粥的饭盒。上我女儿那儿去带孩子也是，看见哪个饭盒好，我就得买一个饭盒。所以我家里头，我老伴有时候就说我，孩子也说我，瞧你那些饭盒有什么用？

在昆明的时候特别怕生病。我在惠老师大院的时候，曾经发过烧。正好赶上下雨，我父亲就打着伞，到城里去抓中药，然后再打着伞，一身泥一身水地回来给我熬中药，给我吃。因为没钱买作业本，我父亲就买回来一打粗纸，然后就按着作业本的大小裁了以后，订成本子。然后语文要什么样的格子，数学要什么样的格子，我父亲就一页一页地给我打格子。

我父亲给我画作业本，但是并不督促我学习，他们忙他们的。可是常常就抽查。后来有一次抽查，我印象特别深。我父亲看到我写的那个字，龙飞凤舞的。他说我不要求你是一个书法家，但是你写的字必须要人认得，必须要人看明白，要一笔一画把这个字写出来。这一句话给我教育特别深。

从此我就一笔一画地写字，直到现在。

人物简介：
1. 杨武之，数学家、数学教育家，西南联大时期任数学系教授。对中国的数学界有突出贡献，培养出许多优秀人物，包括世界级的数学大师。学生有华罗庚、柯召、闵嗣鹤等。
2. 吴有训，著名物理学家，西南联大时期任理学院院长和金属物理研究所所长，在科研、教学和管理三方面都成绩斐然。
3. 赵忠尧，中科院院士，实验物理学家，中国核物理、种子物理、加速器和宇宙线研究的开拓者和奠基人之一。1995年荣获"何梁何利基金科学与技术进步奖"。
4. 杨业治，德国语言、文学教育家，是吴达元先生自中学时代一起成长的挚友。
5. 黄子卿，物理化学家和化学教育家，中国物理化学的奠基人之一。
6. 余瑞璜，物理学家，中科院院士。

五集纪录片《西南联大》

扫码观看纪录片
《西南联大》第三集

第三章 大学之大

西南联大

1937年7月，天津人杨苡高中毕业，她的成绩让她能够被保送到南开大学。

【采访西南联大外文系学生 翻译家 杨苡 98岁】

我是1937年中学毕业的。毕业典礼以后，就是7月份，正好七七事变。我姐姐上的是燕京大学，我哥哥（杨宪益）还到牛津去了。我哥哥走得早，1934年走的。我姐姐是1934年考取的，我自己1937年毕业。

我是保送的南开大学。我的分数稍微好一点，不是很好，所以只考了中文和英文，就录取了。如果考数学我就不会及格！

我们有这个规矩，高中三年如果所有的功课——不是一门——所有的加在一起，平均如果是90分以上，那么就可以保送清华，还有保送上海的沪江；如果是85分，可以上燕京；如果是80分——我是最不好的，就是这80分的——就可以保送南开大学。

可是南开大学没有了，给日本鬼子扔了炸弹，炸中了南开大学，在天津八里台。

作为南开大学外语系大一新生，杨苡无书可念。几个月后，她得知由清华、北大、南开共同组成的长沙临时大学迁往昆明，更名为国立西南联合大学，于是决定乘船离开天津。

杨苡

南开大学被日军炸毁

【采访西南联大外文系学生 翻译家 杨苡 98岁】

反正一定要离开天津。因为日本鬼子肯定会进租界,我们是在租界住的,学校全部都是女生。当时确实是有一个机会,就是中国银行在天津的职员,当然还有别的一些不愿意在日本鬼子底下做事的,不声不响偷偷往内地迁。我的父亲是1919年,也就是我出生那年去世的,他是中国银行天津分行的行长,所以我们是家属。中国银行是绝对不要跟日本鬼子合作的,天津和北平的中国银行就一起搬到香港。没说干吗,就说是去香港弄分行去,就不声不响地走了。这是离开天津的一个机会。所以我跟我的堂弟(我堂弟的父亲是北平中国银行的行长)一块儿走了,就离开天津了,坐船到香港去。

我们走的时候老师跟我们说:"你们一个一个都走了,都到内地去了。你们从小在这长大的,你们什么时候才能回来?"我们送给学校的纪念品,每一个班都送纪念品,我们送的是一个旗杆,可是没想到那旗杆没多久就挂上日本旗子了。我们就跟老师说:"等挂上我们中国的旗子,我们就都回来。"

杨苡取道香港，经水路前往越南海防，再换乘火车，前去昆明。这也是当时很多清华、北大、南开师生选择的路线。

【采访西南联大外文系学生 翻译家 杨苡 98岁】

从海防就坐火车，我们没有坐过那样的火车，我们叫"闷罐车"，就是行李车。然后走了四天三夜，这很苦。再进到云南的边界，我们就站起来唱"起来！不愿做奴隶的人们"，唱《松花江上》，唱"大刀向鬼子们的头上砍去"。那时候热泪盈眶,总算回到中国的土地了。

中国各处的宁静,都终结于1937年的炮火。这一年8月,淞沪会战,上海告急,生于1920年的江苏高邮人汪曾祺正读高二,不得不告别江阴南菁中学,辗转借读于淮安、扬州、盐城……战事日紧,一家人流落到高邮城远郊一个村庄的小庵里避难,这就是后来《受戒》里的荸荠庵。

【汪曾祺《受戒》】

明子和舅舅坐到舱里,船就开了。明子听见有人跟他说话,是那个女孩子。"是你要到荸荠庵当和尚吗?"明子点点头……小英子把吃剩的半个莲蓬扔给明海,小明子就剥开莲蓬壳,一颗一颗吃起来。大伯一桨一桨地划着,只听见船桨拨水的声音:"哗——许!哗——许!"

汪曾祺

西南联大

【采访西南联大外文系学生　翻译家　巫宁坤 97岁】

我的家乡扬州是一个很古老的小城市，还是一个石板街道，街道堆的垃圾很多。扬州的名气很大，我觉得扬州没什么了不起的。扬州的名声是等我长大了，才知道扬州那么有名。扬州最可爱的是一条小河，叫瘦西湖，杭州是西湖，我们是瘦的（西湖），其实就是有一小溪。

我们家住在彩衣街，彩色的衣服，彩衣街67号，现在这个房子还是我们家的，我堂妹妹住在那儿。我上小学就是在家门口，叫弥陀巷小学，

我就在那儿小学毕业的。然后小学毕业很自然地进了扬州中学。整个中学阶段百分之百地在扬州中学，初一到高三。

1937年是这样啊，到9月还是照样开学，可是到11月，这个时候日本人沿着京沪线要往南京打了，所以学校就奉命解散。我们学校有个树人堂，百年树人嘛。在树人堂，校长上来宣布学校奉命解散。教师同学各自回家，学校就不搞了。大家就哭啊。

有女同学就上台去唱："我的家在东北松花江上……"

那时候大家最怕的就是当亡国奴，就是日本人来了，不就要当亡国奴了吗？我家里条件很差，我爸爸也不在家，所以我就离家了。离家的时候，我身无分文。那时候好像大家什么都不在乎，身无分文就走了。我那时才17岁。我一生交了好多朋友，一路上吃饭喝茶都请我吃。后来就到了（重庆）合川的国立二中，国立二中毕业以后，我就考取了西南联大。

【采访西南联大外文系学生　翻译家　许渊冲 96岁】

我是1921年4月18日生的，1937年12月13日离开南昌。为什么记得这一天呢？因为1937年12月13日，日本占领南京，大屠杀，结果

西南联大

南昌震动。我本人那个时候在南昌二中念高中三年级，结果南昌二中解散，搬到南边一个叫永泰的小地方。我是在那个地方毕业的。

我在小学毕业的时候，赶上九一八事变；中学毕业的时候赶上八一三，淞沪抗战开始。我本来是要考清华，结果清华跟北大合并，成为联大。所以1938年在江西，那时候全国大学一起考，我就考了联大。

【采访西南联大机械系学生 中科院院士 郑哲敏 93岁】

我是宁波人，跟着我父亲在上海当学徒。八一三的前几天，上海紧张了，他看情况不对，就把我们带到济南去了，住在外婆家。这个时候到了1937年的八九月份，我哥哥跟我一起去了四川。

生于1924年的宁波人郑哲敏，后来又流落到山西、陕西和成都金堂县农村，辗转求学。

我是1943年中学毕业的，也想进西南联大。那一年西南联大在成都招生，在重庆也有考场，昆明也有考场，我就去了重庆。第二天考中文

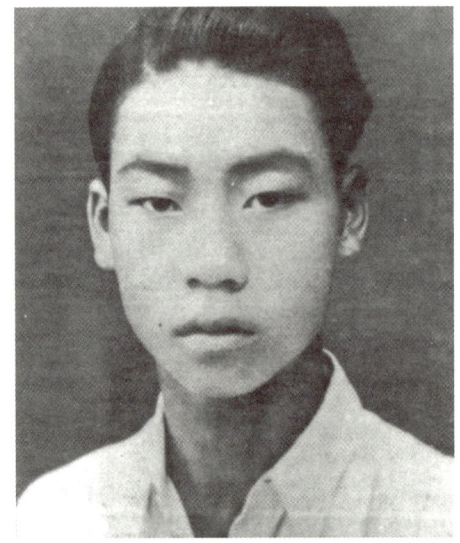

许渊冲

郑哲敏

写毛笔字的时候下大雨,倾盆大雨。我们考场在山顶上,雨下得大房子漏雨,中间停了一段。停了一段之后,然后接着考。后来他们昆明师大来访问我,因为他们把报纸找出来了,我是重庆考场工学院第一名,所以考得还不错。

【采访西南联大机械系学生 中科院院士 潘际銮 90 岁】

我家乡是江西省瑞昌县(今瑞昌市),长江边上的一个县。南京再往上游走就是九江,因此南京被占领以后,大量的难民还有大量的溃退下来的部队,都跑到我们家乡。满街都是难民跟伤兵。那个时候日本人又往我们家乡进攻,九江电厂跟纱厂附近,它(日机)就是专门来轰炸,我们家就在附近。(日机)每天都来,有时候是来 3 架,有的时候来 9 架,有的(时候)来 27 架。不但扔炸弹,看到人群它就扫射,所以那时候我们就从家乡逃出来了。

西南联大

潘际銮

1927年生于江西瑞昌县的潘际銮跟随父母,从九江逃到赣南,再逃到湖南,再逃到广西。

往广西跑的这个时候呢,我得了伤寒病。那个时候没有医院,也没有药,一直昏迷不醒。没有交通工具,我父亲背着我逃难,逃到桂林的时候我才苏醒。到了桂林以后也不安全,我们家就往贵州跑。最后从贵州往云南跑,是这么个过程。

伤寒病跟霍乱病一样的危险,不吃药不治疗就会死的。但是那个时候不但没有医院,连一片药都没有。我父亲很懂这个事,知道伤寒是肠胃溃烂,所以就不给我吃任何东西,只给我喂水喂米汤,这样昏迷了十几天才好过来。所以活过来很不容易,抵抗力可能就是那个时候锻炼出来的。

【鹿桥《未央歌》】

昆明的九月正是雨季的尾巴,雨季的尾巴就是孔雀的尾巴,是最富于色彩的美丽的。新校舍背后,向北边看,五里开外就是长虫峰,山色便是墨绿的。山脊上那一条条的黑岩,是清清楚楚地嵌在这大块绿宝石里。

这是出版于1946年的回忆录式小说《未央歌》里的文字。作者"鹿桥",本名吴讷孙,和杨苡同岁,也都来自天津。吴讷孙原本从南开中学保送燕京大

吴讷孙

《未央歌》

学,却在毕业后的只身游历中,跟随长沙临时大学来到昆明。与此同时,许渊冲从江西考入西南联大外语系,和杨苡、吴讷孙成为同学。

【采访西南联大外文系学生 翻译家 杨苡 98岁】

　　我的学号就是N,南开呀N,清华是T,北大是P。我们班好像就我一个人是N2214。像许渊冲他们考进来就是联(L)字号。P字好,T字香,N字没人要!T字最多,因为说实在的,联大以清华为主,整个全是梅贻琦的方法来培养人,所以特别好。

1938年3月,作为清华数学系教授杨武之的儿子,生于1922年的安徽合肥人杨振宁,跟随父亲来到昆明。

【采访西南联大物理系学生 物理学家 杨振宁 95岁】

　　那个时候我刚刚念完高中二(年级),还差一年毕业。重庆颁布的一个法令,说是中学生里流离失所的很多,所以不必一定有中学毕业文凭,也可以参加大学入学考试,叫作同等学力。我就以同等学力的资格参加

西南联大

了考试。1938年的秋天，我就变成正式的西南联大的一年级的学生。我是西南联大第一班学生，我的学号是联（L）580，我还记得。

杨苡、吴讷孙、许渊冲和杨振宁这些外省学生，满眼是从未见过的高原风光。

【采访西南联大哲学系学生 诗人 郑敏 97岁】
　　昆明的天气太好了，一年到头都是那种蓝的天哪，好极了。
　　我本来在南京女子中学，后来就到重庆去了。到重庆去了就进入南渝中学，所以我是那么走过来的。

【采访西南联大物理系学生 物理学家 杨振宁 95岁】
　　我们是1938年3月到昆明的。那个时候到联大的人很多，有老师跟学生加起来不止一千人。
　　大家对于云南的印象很好，民风淳朴。

昆明街景

昆明顺城街

而在昆明人的眼中,他们也是新奇的风景。这其中也包括生于1921年的王希季。

【采访西南联大机械系学生 中科院院士 王希季 96岁】

> 昆明人或者是云南人,对大学的师生非常欢迎,也很尊重。大学的师生,你一看就看得出来,跟那些避难的人都不一样。从我的角度来看,这些避难的大多数是有钱的,我们叫他们外省人,对我们本地人不太看得起,有一股好像很高傲的感觉。大学的师生就没有这个味道,对本地人很友好、有礼貌。我记得他们一个很特别的标志,就是穿棉布的大衣,昆明以前从来没有过棉布大衣。

和杨振宁一样,王希季也经过跳级,从昆华高级职业学校考入西南联大机械系。

西南联大

【采访西南联大机械系学生 中科院院士 王希季 96岁】

那个时候就是想工业报国，挨打或者什么，总是你工业不行，造不出炮，造不出舰。那个时候没有想得挺复杂，就是很单纯地要打日本人。

我的学号是（L）523。

1949年王希季在美国实验室外

1939年夏天,汪曾祺沿着和杨苡几乎一模一样的路途进入西南联大中国文学系;而生于1918年的浙江绍兴人刘缘子,则通过转学进入西南联大外语系。

【采访西南联大外文系学生 翻译家 刘缘子 100岁】

(我的学号)829,L829,好像那谁,巫宁坤是L30。

因为平常我们什么都要用这个学号的,就是写什么东西,比如我们考试,完了分数贴的布告版上,就不写名字——写名字不是大家都看见了吗?我的学号你也不一定知道,就是写上哪个学号多少分,不会忘的。

刘缘子

两年前,巫宁坤曾到镇江参加军训,和镇江中学的汪曾祺、苏州中学的赵全章,编在同一个中队,三个月同吃同住、亲如兄弟。没想到各自流亡,竟又在昆明重逢。

【采访西南联大外文系学生 翻译家 巫宁坤 97岁】

我数理化都那么好,都说念外语系没出息的。但是我喜欢外语嘛,很喜欢搞外国文学什么的,我就报了外语系。

1941年,17岁的北平少年邓稼先考入西南联大物理系,学号L4795。在昆明,他与曾共同就读北平崇德中学的好友杨振宁重逢。

【采访西南联大物理系学生 物理学家 杨振宁 95岁】

因为种种缘故,邓稼先跟我的关系特别密切,虽然在崇德中学只是

王汉斌（摄于西南联大学习期间）

一年，他就变成我的一个非常知心的朋友。这个我想与他跟我有一些共同点很有关系——就是我们不讲假话，我们也不知道怎么样子讲假话，所以我们气味相投。他也常常到我家里来，所以我父亲、母亲也都认识他，很赏识他这个人。

1942年，17岁的王汉斌跟随"华侨青年战时工作队"，从缅甸撤退到中国云南。不久前，他在仰光加入了中共地下党组织。

【采访西南联大历史系学生 全国人大常委会原副委员长 王汉斌 92岁】
　　回昆明以后，组织决定让我到延安。（可是）到延安的路断了，走不了了，所以专门来通知我，让我考西南联大，一考就考上了。

1943年，郑哲敏从内迁四川金堂的山西铭贤中学毕业，进入联大电机系，后来又转到机械系，成为王希季的学弟。

1944年，潘际銮从云南省立云瑞中学毕业，并以全省会考第一名的成绩，进入联大机械系，成为郑哲敏的学弟。

【采访西南联大机械系学生 中科院院士 潘际銮 90岁】

  我们家兄弟姐妹五个，全是很优秀的大学生。我大哥浙大毕业，我二哥清华毕业，我清华毕业，我姐姐天津大学毕业，我妹妹是北大医学院毕业，都出来了。人家就老问我父亲："你是怎么把孩子教育出来的。"其实我父亲从来没有管过我们，他就是到了地方，给我们送到学校就完了，从来不看我的功课，从来也不逼我们上课。但是我们为什么读出来呢，我的妹妹说，可能我们家里穷，我们很自强。

  昆明当时有一所云南大学，一所西南联大。云南大学也录取了我，西南联大也录取了我。云南大学先发榜，我就到云南大学报到，已经住进去上课了。后来西南联大又发榜又有我，我就又跳槽跳出来了，跳到西南联大。

  我就是（民国）三十三年入学的，687号。

西南联大

就这样,中国各地的学子,历经各自的颠沛流离,终于在陌生的内陆高原,与自己的大学相遇。

【鹿桥《未央歌》】

太阳虽依然明朗地照着,热力却似忽然失去了。校里花草坪上的蝴蝶也减少了。那里横七竖八躺着晒太阳的学生们,他们躺在自长沙带来的湖南青布棉大衣上。棉大衣吸了一下午的阳光,正松松软软的好睡。他们一闭上眼,想起迢迢千里的路程、兴奋多变的时代、富壮向荣的年岁,便骄傲得如冬天太阳光下的流浪汉。在那一霎间,他们忘了衣单,忘了无家,也忘了饥肠,确实快乐得和王子一样。

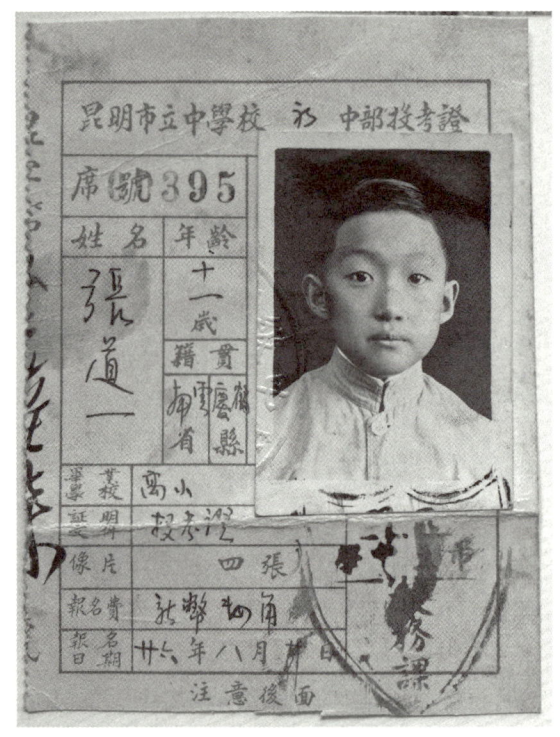

张道一

【采访西南联大政治系学生 民航总局原国际事务顾问 李忠 97岁】

西南联大新校区,原来都是坟地,一块荒地在西门外,从那开始建的房子。都是茅草房,也有一小部分教室顶子是铁皮的,可是上课叮当叮当地一下雨它就响。

【采访西南联大外文系学生 北京第二外国语学院原院长 张道一 90岁】

我原来的想象,大学应该是比我的中学好得多,但是我到了西南联大注册以后,我大吃一惊。我在路南读中学的时候住的是文庙里砖砌的房子。可我到西南联大一看,是什么样子呢?从西南联大的大门一进去以后,一条黄土做成的路,路的东边是教室,教学区,路的西边就是宿舍区,一排一排的学生宿舍,都是茅草做顶的。

听课,一个教室大概有二三十人。学生的桌子跟椅子是一个东西,就是羊腿椅子。一个椅子拐出来一个羊腿把,羊腿把就是放书的地方,记笔记的地方,比我中学差多了。

【采访西南联大机械系学生 中科院院士 潘际銮 90岁】

教室是铁板房、干打垒的墙、木格的方窗子,上头没有玻璃的,是糊的竹纸,云南竹纸是透明的。

学生宿舍是茅草房,一个茅草房就住40个人,20张双人床,上下铺的,两张床一对,就是一个小隔间。但是中间空间很小,也就能上床就完了。

昆明文明新街东方书店

也是没有灯,也是竹纸窗子。宿舍基本上不能够念书的,晚上也不能念书,白天也不能念书,只能睡在里面。

在昆明那个虱子、跳蚤、臭虫,不在乎,都过得惯,你看这人所以什么条件都行。那么苦的情况下我们都活得了。所以后来我们什么生活都能过,什么苦我们都能过。

我们那时候没有盥洗室,更没有洗澡的地方。就在西南联大的北面有几口井,我们洗脸就是从井里把水打上来,用个洗脸盆在旁边有个台子洗洗脸,所以洗澡是谈不上的。而且在昆明呢,说实在的四季如春,洗不洗澡也就无所谓。

【采访西南联大机械系学生 中科院院士 王希季 96岁】

哎呀,这个臭虫咬得我简直睡不着觉,浑身都痒,到处都痒,现在知道臭虫的人也不太多了吧?臭虫就那么大,然后咬你之后,你把它捏碎的话全是血,痒得不得了。后来没办法,治又没办法治,然后慢慢地就反正你咬你的,我睡我的,处于和平共处状态,然后就是这么过去的。这个臭虫现在我是记忆犹新,太厉害了、太多了,床上有、墙上有。

【采访西南联大外文系学生 翻译家 刘缘子 100岁】

臭虫捏死了以后,才能闻着味儿呢,然后我们就拿个玻璃瓶子,逮着臭虫就装在瓶子里头。它在里面还下崽儿呢。

【汪曾祺《老味道》】

西南联大的女同学吃胡萝卜成风。这是因为女同学也穷,而且馋……不知道是谁提出,胡萝卜还含有微量的砒,吃了可以驻颜。她们一边谈着克里斯汀娜·罗赛蒂的诗、布朗底的小说,一边咯吱咯吱地咬胡萝卜。

【采访西南联大政治系学生 民航总局原国际事务顾问 李忠 97岁】

吃的那个饭叫"八宝饭",它是红米,里边有稗子、谷子、麸皮、石头子,甚至还有耗子屎。这样的八宝饭,吃饭的时候就要特别注意了。

菜呢四个小碗八个人一桌，就吃那点。菜一会儿就吃光了，有一盆酱油汤，弄点酱油汤混着吃。只管两顿饭，早饭得自己想办法。学校门口卖早点的什么都有，包子、油条各种东西都有。没钱吃不上。但是那个时候有一个学生服务处，他每天煮一锅豆浆，你自己拿碗，到那儿去给你一碗。没有糖，只有盐，抓一点盐放里头。早饭穷学生就这么对付。

吃饭还有一个多少的问题，要想吃饱，有一个技术，先盛半碗赶紧吃完，吃完以后还有饭盛一碗，一顿可以吃一碗半。要不然你开头就盛一碗，吃完了第二碗就没有了。

【采访西南联大外文系学生 翻译家 杨苡 98岁】

我们抢不过男生。他远远地拿着那个盆，反正搪瓷的盆，像飞镖一样，呜，一飞……然后他再去拿。他们都想出点子来，头一碗装得不多，他很快吃完，然后再去盛第二碗，等于说第二碗是两碗的样子。我们不行，我们就是盛一碗再想吃没有了。

【采访西南联大政治系学生 民航总局原国际事务顾问 李忠 97岁】

这就是学生的生活，那是很艰苦的。可是学校是非常好的。为什么？就是这种最艰苦的环境下，北大、清华、南开有300多位教授给我们上课，其中很多大师都去欧洲、美国留过学。有这样的老师，学生得到了非常高级的教育。

【汪曾祺《人间草木》】

闻先生的课可以抽烟的。闻先生打开笔记，开讲："痛饮酒，熟读《离骚》，乃可以为名士。"闻先生的笔记本很大，长一尺有半，宽近一尺。他写字有一特点，是爱用秃笔。秃笔写篆楷蝇头小字，真是一个功夫。我跟闻先生读一年《楚辞》，真读懂的只有两句"袅袅兮秋风，洞庭波兮木叶下"。

这是汪曾祺在《人间草木》中描写的西南联大的上课场景。中文系教授

西南联大

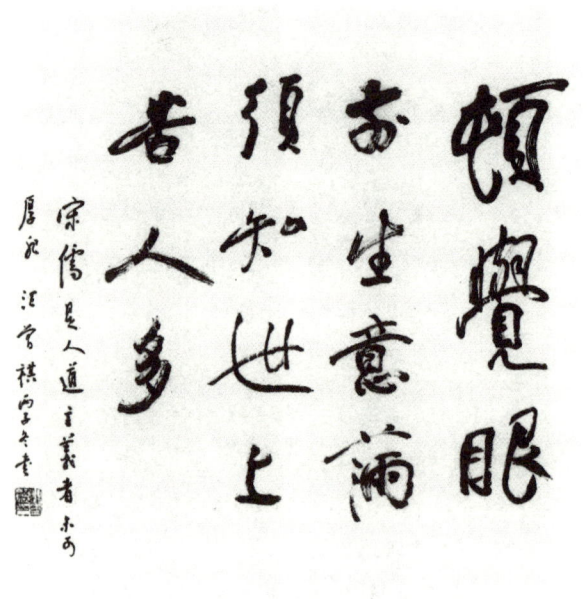

汪曾祺书法

闻一多在西南联大开了十来门课：诗经、楚辞、唐诗、古代神话等。最"叫座"的课是古代神话。不单中文系、文学院的学生来听讲，理学院、工学院的同学也来听。工学院在拓东路，文学院在大西门，听一堂课得穿过整整一座昆明城。

【汪曾祺《人间草木》】

闻先生是一个好演员。伏羲女娲，本来是相当枯燥的课题，但听闻先生讲课让人感到一种美，思想的美、逻辑的美、才华的美。听这样的课，穿一座城，也值得。

汪曾祺入学的时候，1935 年考入北京大学中文系、后来就读于西南联大文学院外国文学系的容琬毕业，她的老师和同学纷纷为她誊写诗文和寄语。

留言册中，陈寅恪心事重重："此生遗恨塞乾坤，照眼西园更断魂。"朱自清豪气干云："何必桑干方是远，中流以北即天涯。"吴宓看来心情不错："避兵尚有桃源地，好景天南春正融。"闻一多则以之前在湘黔滇征途中录下的贵州安顺民歌相赠："一条大路通云南，去时容易转时难。去时阳鹊未下蛋，转时阳鹊叫满山。"尽显潇洒豁达……这些在中国学术史上赫赫有名的人，在当时，无非就是西南联大那些从大一到大四的本科生的教师。

【采访西南联大物理系学生 物理学家 杨振宁 95 岁】

大学一年级没有选修的，都是必修的。我记得很清楚，有大一国文、大一英文、微积分、大一物理。

我念过高中化学,没念过高中物理。我当时更喜欢数学,可是我父亲说数学不实用,不如学一些物理或者化学。所以我就报考了化学。不过后来因为要考试,入学考试里面有物理,所以我就借了一本物理教科书自己念了一个月。这一个月我觉得物理比化学更有意思,所以我一进了西南联大,就从化学系改进到物理系,所以我入学的程序上,写的还是化学系,我进去以后立刻就改了。

【采访西南联大机械系学生 中科院院士 王希季 96岁】

国文、英语,这个叫作公共课,那是任何大学生都要读的,大家都要通过。如果不及格那就不能升级,那你就再读一年,或者就是转到其他学校去。

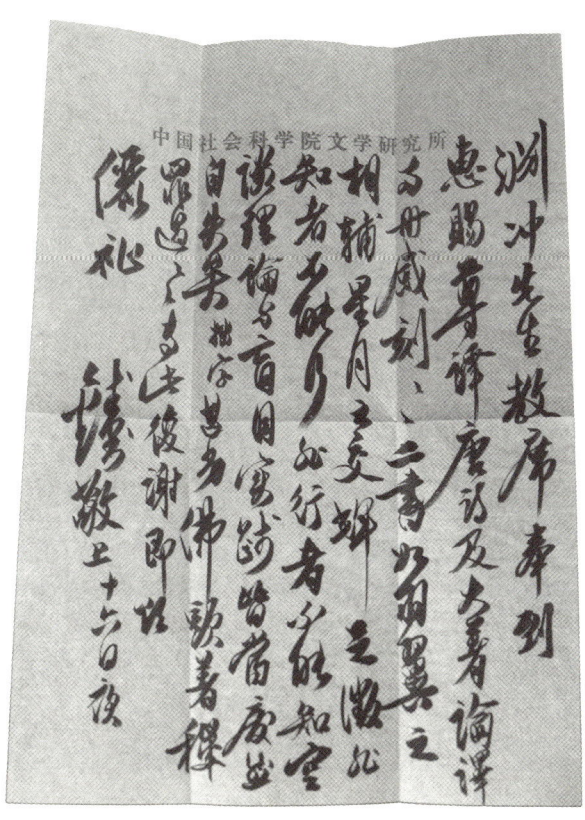

许渊冲与钱锺书的通信

西南联大

【采访西南联大外文系学生 翻译家 许渊冲 96岁】

联大一年级不分院系，一律同等待遇，所以我跟杨振宁同班。杨振宁是学物理的，我学外文的，我们两个是同班的，他就坐在我旁边。

【采访西南联大物理系学生 物理学家 杨振宁 95岁】

我念的大一（英文），是跟叶公超先生念的，同班同学还有一位现在还在的，叫许渊冲。

【采访西南联大机械系学生 中科院院士 王希季 96岁】

国文就很特别了，差不多所有的大师都教我们大一的国文，每个先生大致教两周的课，教材都是由教课的先生自己编的。我们的国文接触的面很广，诗词歌赋、古今中外都有，因为老师们各人有各人的专长，像朱自清、闻一多、罗常培、王力等等都是非常有名的。每两周上完课了，要做一篇作文，作文也要记学分，所以很特别——以后大概都没有哪个学校能够这样教国文的。

中文系五大师（左起：朱自清、罗庸、罗常培、闻一多、王力）

第三章・大学之大

1945年11月，西南联大同学一起郊游

【采访西南联大外文系学生　翻译家　许渊冲 96岁】

朱自清、闻一多、沈从文、罗庸，这么多名师，都开两个礼拜课。我们做学生的，每一个老师都听了两个礼拜。时间不长，但是这种教学法，世界上是没有的。你想想看，这是中国有史以来最好的国文课。以后就没有了，没有了。

【采访西南联大机械系学生　中科院院士　潘际銮 90岁】

那个时候西南联大叫通识教育。选修课我记得是这样的，人文科学必须要选一个，我选了一个哲学。社会科学要选一个，我选了经济学。然后我们工学院的就必须要学数学、物理，这是基础课。西南联大的基

西南联大

西南联大课堂

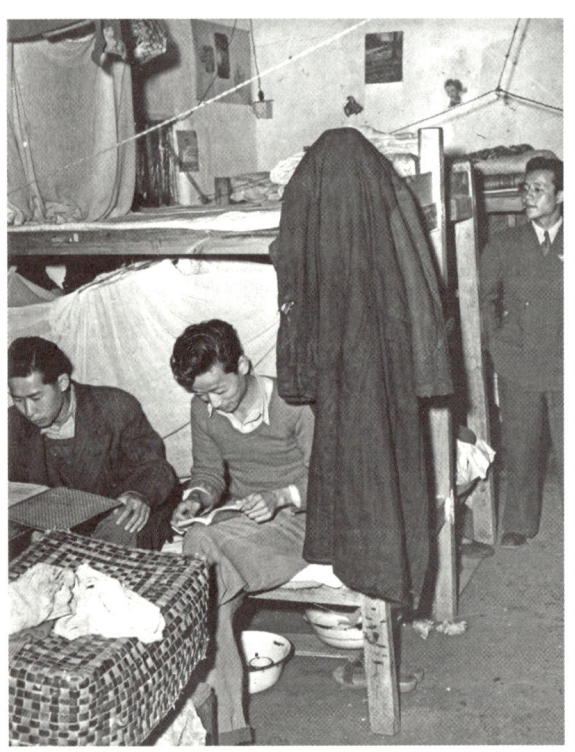
西南联大学生宿舍

础课要求非常严，数学、物理每年考试下来三分之一不及格，都是如此。

我在云南会考是第一名，应该说是状元，可是一上来，期中考试我的物理就不及格。我的物理老师叫霍秉权，我都记得很清楚。我就好好总结了一下，学习不光是听老师讲课，也不光是做老师的题，要把老师讲的这个领域搞得很清楚，你才能应付考试。

比如说讲动力学，我就把所有的有关动力学的书都拿来看，我自己学，学完了总结，考什么都行。所以就把学习方法改过来了，实际上就是培养我一种自学能力。老师就把你带到这个方向来，告诉这是什么，然后你自己去学习。西南联大我觉得教学方法很成功的也是这一方面，他能够把学生的自学能力培养出来，我就是培养出来的。

还有一个特点，所有的实验报告，全是用英文的。工科的学生，计划这个实验该怎么做，就写一个预习报告。预习报告老师通过了，做正式报告。我有一次做正式报告的时候，实验结果老出不来，来不及了，马上下课了，我就可以说抄了一份数据交上去了。但是助教很清楚这是抄的，不行，退回来重做！所以我说西南联大这么严格的要求，是培养了学生的能力。

【采访西南联大机械系学生　中科院院士　王希季　96岁】

"通识教育"，我的理解是说在西南联大，学生的基础一定要打好，一定要打牢，而且要使这个学生能够做事情，知道做事情的方法，或者是做事情的程序，是不是这个就叫通识教育？如果是这个，那西南联大学生的基础确实打得很好。

【采访西南联大外文系学生　北京第二外国语学院原院长　张道一　90岁】

西南联大的学生，基础阶段学习知识打得非常扎实。三、四年级他可以自由选课了。西南联大实行的是选课制，是学分制，学生可以随便选，它的观念就是因材施教，培养学生自发的能力，自由的发展的能力。所以自由选课，而且允许旁听。我不是你这个班上的学生，但是我因为喜欢你讲的课，我可以天天来听。他不会赶我走的。

西南联大

【采访西南联大机械系学生 中科院院士 潘际銮 90 岁】

　　西南联大学分制是这样的：一年级数学物理不及格，二年级有好多课你不能学。二年级必修课有不及格的，三年级很多课不能学。这样一点点退下来，所以五年毕业，六年毕业的非常多。这样的话，让每个学生都能够达到要求。

　　西南联大它允许转系。我学这个系，我老不及格，我就转一个系也可以。比如说要是数学、物理不及格，我转外语系行不行？也可以。所以各类人才都能出来，这是它的教育制度的优越性。所以西南联大的教育思想、教育理念，有很多值得学习的。为什么我们毕业了四千人，出了那么多名人？这个跟制度有关系，跟教育是有关系。

1946 年 5 月联大中文系全体师生合影（第二排从左起：浦江清、朱自清、冯友兰、闻一多、唐兰、游国恩、罗庸、许维遹、余冠英、王力、沈从文）

西南联大学生宿舍

【采访西南联大物理系学生 物理学家 杨振宁 95岁】

  我想当时西南联大对于大学的认识还是比较接近美国的想法,就是要使得这个人有个全面的知识。我想从今天看起来也是一个正确的方向。

  "从同学方面来说,他们都是老师,平时一律称为'先生',随时随地大家都尊敬地叫:梅先生、闻先生、吴先生、叶先生、沈先生……"这是生于1915年的浙江温州人赵瑞蕻,关于西南联大老师的文字。

【采访西南联大历史系学生 全国人大常委会原副委员长 王汉斌 92岁】

  上基础课(往往)都是系主任讲,讲"中国通史"的是吴晗,讲社会学的是费孝通、潘光旦。

金岳霖

吴晗

【采访西南联大外文系学生 翻译家 刘缘子 100岁】

  潘光旦的优生学是最受欢迎的，但是我在外语系的主课跟他的课冲突，所以我没法去听。他上优生学的时候，连窗户外面都站满人。别的老师也去听他课。那个时候因为一年级的必修课学生很多，所以都有两个老师教的，比如历史课，吴晗教一半，雷海宗教一半。但是吴晗给学生的分数扣得特别紧，好多人不及格。二年级的时候，就是雷海宗教了，雷海宗都给他们80分、90分，他长的脸圆圆的，都管他叫雷菩萨！

  他（金岳霖）戴个贝雷帽，戴着帽子是很不礼貌的，所以他就先说我不能摘帽，因为我眼睛不好。那我们就想，戴帽子跟眼睛有什么内在的关系？

【采访西南联大外文系学生 北京第二外国语学院原院长 张道一 90岁】

  因为文学院的学生必须选一门历史课：中国通史。开中国通史的有好几位先生，我选的是大家都知道的吴晗。讲中国历史的，我以为一定是穿长衫的一位老夫子,实际一走上讲台一看,西服革履。他永远穿西服,非常地洋气讲中国历史。他讲中国历史有一个特点。历来讲中国历史都是编年体,就是顺年代一年一年讲,他不是的。他是按自己的研究心得,一个专题一个专题讲,或者一个环节一个环节地讲,所以听起来有兴趣。

他打分非常地严厉。非常高的分没有,70分,70~75分就是最好的分数了。上他的课我很用功的,只得到69分,70分都不到。有一次他考试以后,出一个题目,是名词解释,这个名词解释是"妃子",很普通的词。然后就有学生答题了,说妃子就是皇帝的老婆,很通俗的说法是吧。他在台上大骂了一顿:"什么叫皇帝的老婆?皇帝的配偶有皇后有妃子,我讲的妃子就不是他的正宫皇后!妃子是她的正式称呼,你们叫什么皇帝的老婆,胡说八道!"台上骂了一顿。

朱自清很矮的,你一看,看得出来他是个非常优秀的文人。走路也是比较拖沓的,穿衣服也比较随便的。个子矮矮的瘦瘦的那么个老师,

西南联大学生宿舍

西南联大

也许说是旧社会文式派的那么个形象。朱自清有助教,但是他并不让助教改我们的作文。我们的作文交上去以后,朱自清亲笔修改。可见当时西南联大是什么样的教育传统。这样的教育传统才能培养出来高精尖的学生。

【采访西南联大物理系学生 物理学家 杨振宁 95岁】

大一物理是一个人教的,是赵忠尧先生。

1929年、1930年前后赵忠尧先生是加州理工学院的研究生,他写了

西南联大学生课后

几篇文章，是关于他所做的两个论文。这两个论文后来就是他的博士论文。这两个研究，从我们研究的结果来看，是正确地发现了两个新的现象。

他发现了正负电子的产生，然后第二个实验所表示的就是一个正电子和一个负电子，两个合起来消灭变成的光丝。所以一个是产生，一个是消灭。这两个都是划时代的贡献。

当时是有三组人在做实验，德国、英国、美国。可是那两组都远比赵先生有名，从事后他们发表的文章来分析，他们那两组的实验都不可靠，而赵先生的这个文章很少误差，说明赵先生是一个很会设计实验，很会动手的学者，所以他所做出来的结果都是干干净净。

我记得1939年吧，王竹溪先生从英国回来了。他是（20世纪）30年代在清华毕业的，在剑桥研究的是统计力学。所以当时西南联大物理系、数学系有几个非常年轻的教授，都是在国外已经发表过很重要的文章了。这个数学方面有三个人，是华罗庚、陈省身、许宝璐，他们三个人是最有名的。在物理方面最有名就是王竹溪。

我大概是在二年级的时候去听了他一组演讲，是关于相变。相变的意思呢，比如说从水变成冰，冰变成水这叫一个相变。水热了以后可以变成蒸汽，蒸汽可以凝固成水，这个水跟这个蒸汽之间的变化，也是相变。相变就是要有很多的分子或者原子合在一起，发生了一个受外界的温度压力的影响，可以产生一个变化，这叫相变。

这个领域呢，就在（20世纪）30年代开始大大的发展。我很幸运的，就是王先生把我带到这个领域，这个领域是我后来主要的领域之一。我曾经说，我一生最重要的三分之二的文章，是在对称学方面，三分之一是在统计力学，而这两个领域，把我带进去的都是在西南联大的吴大猷先生和王竹溪先生。

【采访西南联大土木系学生 工程师 陈秉良 91岁】

我们的老师里面有许多是大师级别的。教我们水力发电的施嘉炀，是我们工学院的院长。土木系的系主任陶葆楷，他是搞城市的上下水这个专业的。还有一个印象比较深的就是陆世嘉，陆世嘉是张维的爱人。

张维跟陆世嘉都是留德的,这些人都是学问很好的人,可以说是大师级的。

【采访西南联大机械系学生 中科院院士 潘际銮 90岁】

  印象最深的第一个老师就是霍秉权,教我物理的,给我打了个不及格。从他那儿开始,我就知道怎么去念大学了。第二个就是孟广泽,考试特别严,所以我们给他取个名字叫孟老二。为什么叫孟老二呢?当时我们有一个老师很严,叫刘仙洲,我们叫他刘老大,所以孟广泽就是孟老二。第三个老师是李辑强,我特别欣赏他,他都是用英文讲课。以前的老师都是英文讲,但他英文讲得很清楚,一句话讲一遍。也不重复,也不多,你要是把他的话记下来就是一本书。

  这是一个印象很深的,我后来学焊接就是跟他有关系,这个老师叫庄前鼎。他也是教热力学,可是他的英语是有南方口音的,讲得快极了,你还听不太懂,必须课本重新看一遍。所以这几位老师印象很深。

【采访西南联大化学系学生 地质出版社编审 关英 94岁】

  他(曾昭抡)老趿着个鞋,就是从来这鞋都是贴着(后跟),这也无所谓,结果呢,他常常就是后跟都破了,露了后跟。扣子常常也扣错。可是讲课那真的是非常好,从来不带稿子,上来就给我们讲,板书也写得很漂亮。

【采访西南联大外文系学生 翻译家 巫宁坤 97岁】

  最引人注目的就是陈岱孙,他跟陈福田,他们身材都是很高,很神气的,穿的衣服还是当年在美国生活的时候穿的西装,裤腰都弯在里面。裤子是到这儿的。

【采访西南联大经济系学生 教师 罗振诜 94岁】

  他(陈岱孙)衣冠楚楚。他上课非常严肃,可以说他没有一句废话。他讲的话如果把它记下来,就是很好的一部著作。

陈岱孙

【采访西南联大外文系学生 北京第二外国语学院原院长 张道一 90岁】

  陈福田是我们外文系主任,早年就获得哈佛大学的硕士学位,(20世纪)30年代是清华外文系的系主任,曾经主编了大学一年级英语课本。我是在大学的时候,跟他学英文散文和英诗。他高高的个子,一张太阳染了色的脸,不知怎么总使我觉得,他一定是位棒球运动员。他的口语非常流利自然,当时的神态现在还历历在目。

【赵瑞蕻《离乱弦歌忆旧游》】

  在一个乳香的清晨,我独自一个人在长满秋草的山径上散步。我看见一个身穿灰色西装的外国人,手里拿了一根手杖,肋下携了两瓶红葡

西南联大

燕卜荪

萄酒。外衣上一个大口袋里装满了火柴和大英牌烟卷;另一个大口袋里插着三四本书。他孤独地穿过一个古风的石桥,一个挺长的背影消失在园子里的枝条间了。

30来岁的威廉·燕卜荪的最初形象,在赵瑞蕻的记忆中定格。这位来自剑桥的剧作家、诗人和艺术评论家,几年前刚刚写出了改变现代诗历史的著作《朦胧的七种类型》。

1937年,燕卜荪横跨西伯利亚来到中国,在西南联大教授英国文学。

【赵瑞蕻《离乱弦歌忆旧游》】

上课铃响了,一根红通通的鼻子,带着外面的雨意,突然闯进半掩的门里。我们的诗人一进门,便开口急急忙忙地说话。一说话,便抓了粉笔往黑板上不停写字。然后擦了又写,又抬头望着天花板"喔喔"地嚷着,弄得大家在肃穆的氛围里,迸出欢笑的火花。

西南联大课堂上的威廉·燕卜荪,依然闪烁着剑桥式的光华,弥尔顿、拜伦、华兹华斯、柯勒律治、丁尼生、罗素、维特根斯坦……他让学生们获悉:催生伟大诗篇万象葱茏的力量就是语言,而"朦胧",正是语言的蓬勃之根!

赵瑞蕻

【奥登《西班牙》 查良铮译】

昨天是陈迹 / 是度量衡的语言 / 沿着通商的途径传到中国 / 是算盘 / 和平顶石墓的传播 / 昨天是在日照的土地上测量阴影……

【威廉·燕卜荪开讲奥登的《西班牙》】

诗人必须选择一种节奏,而节奏一旦定调,它就决定了以后的一首诗只能根据它来调整相应的内在变奏。显然,诗人在每一句的句尾用的是一个名词:他用的是一个名词来压节奏,准确地说是用一种名词的句式来控制节奏!

西南联大

作为1936级的清华学长,赵瑞蕻见证了西南联大从长沙到蒙自再到昆明的离乱弦歌,也得以享受系里为大三学生开设的"欧洲名著选读"。

这门功课上起希腊,下迄近代,选出十一部名著,由九位教授分担讲解,再由学生自己在课外精读。

【赵瑞蕻《离乱弦歌忆旧游》】

钱锺书先生的《荷马史诗》、吴宓先生的《柏拉图》、莫泮芹先生的《圣经》、吴可读先生的《但丁》、陈福田先生的《十日谈》、燕卜荪先生的《堂吉诃德》、陈铨先生的《浮士德》、闻家驷先生的《忏悔录》,以及叶公超先生的《战争与和平》。

我们过得很沉重,却又很愉快。

在这些先生中,有一位最有趣、最可爱、最可敬,有时是阿波罗式的,有时是狄俄尼索斯式的,有时是哈姆雷特型的,有时却是堂吉诃德型的,是吴宓。

他讲柏拉图《伊安篇》中关于"狂述状态""灵感""诗神"时,讲得有意思极了,引起全班哄堂大笑,而他自己也微笑不止,有点自鸣得意的样子。

【采访西南联大外文系学生 翻译家 杨苡 98岁】

但是我不觉得特别好,他因为说话、发音,陕西调。我们认为不地道了。

【采访西南联大外文系学生 翻译家 巫宁坤 97岁】

对对对,他那个英语是一口陕西英语。

巫宁坤老是逃课,吴宓忍无可忍,托人捎话,再不上课成绩就不及格!

【采访西南联大外文系学生 翻译家 巫宁坤 97岁】

再不上课就不及格了,后来我就上课了,我没有办法,只好就上课了。

读大二的杨苡在西南联大学生社团"高原文学社"的一次文艺晚会上，结识了大四的学长赵瑞蕻。尽管对吴宓的评价并不相同，但这并不影响他们在两年之后结为终身伴侣。对杨苡来说，彼时印象极好的先生，却是没有教她的沈从文。

【汪曾祺《人间草木》】
　　他不用手势，没有任何舞台道白式的腔调，没有一点哗众取宠的江湖气。

前士兵、北大旁听生、破产报馆主编沈从文，经人推荐，受聘西南联大中国文学系副教授。沈氏开课三门："各体文习作""创作实习""中国小说史"。
　　正是冲着心仪已久的湘西偶像，1939年夏天，汪曾祺才告别江南，来到云南，考入西南联大中文系。

【汪曾祺《人间草木》】
　　我写了一篇小说，内容早已忘记干净，有许多对话。我竭力把对话写得美一点，有诗意、有哲理。沈先生说："你这不是对话，是两个聪明脑壳打架！"

每次上课，沈从文总是夹着一大摞书本走进教室，把仔细批改后的习作和特意寻来的书交给学生。有些资料不易找到，他就自己抄，用夺金标毛笔，筷子头大的小行书抄在云南竹纸上……抄成了，卷成卷，上课时发给学生。

沈从文

联大租借的省立昆华师范学校校舍

昆华工校旧址

【采访西南联大外文系学生　翻译家　巫宁坤 97 岁】

沈从文我们是很喜欢，他写的作品我们也喜欢。他就是一个做学问的人，一个安安静静的作家。

【汪曾祺《人间草木》】

联大文学院的同学，多数手里都有一两本沈先生的书，扉页上用淡墨签了"上官碧"的名字。谁借了什么书，什么时候借的，沈先生是从来不记得的……沈先生的书多而杂，除了一般的四部之书，中国现代文学、外国文学的译本、社会学、人类学、黑格尔的《小逻辑》、弗洛伊德、亨利詹姆斯、道教史、陶瓷史、《髹饰录》、《糖霜谱》……兼收并蓄，五花八门……

【采访西南联大外文系学生　翻译家　杨苡 98 岁】

我跟沈从文住一个院子。沈先生对我非常重视，晚上要看（书），他的油灯要是灭了，我这灯还开着，那么就可以。第二天如果我老早就关灯了睡觉，把油灯一关，第二天（他）就说，杨小姐要用功点，要念书啊，噼啪说一顿，我就不好意思了。

在昆明的最初几年，生活清苦，却也宁静自在。物理系借用昆华学校的校舍，杨振宁和邓稼先经常在东墙根底下的大树下念古诗，一个人背诵，另一个拿书对照着看。而作为江苏同乡的汪曾祺、巫宁坤则喜欢结伴逃课去泡茶馆。

【汪曾祺《泡茶馆》】

从西南联大新校舍，往西，折向南，进一座砖砌的小牌楼式的街门，便是凤翥街。街角右手第一家便是一家茶馆。

西南联大

茶馆小憩

【采访西南联大外文系学生 翻译家 巫宁坤 97岁】

  我们大概早晨睡觉睡到很晚。我们晚上睡得晚,早上起得也晚。学校也没什么规矩,大家都吊儿郎当的,基本上我们三个人都在一起的。带着小练习本,铅笔一支,钢笔一支,大家都有要看的书。到茶馆找一张桌子坐下来,从早坐到晚。

【采访西南联大机械系学生 中科院院士 王希季 96岁】

  我们工学院的同学也泡茶馆。我们比文科生有一个比较好的条件,有几个绘图所,每一个所都有绘图的桌子,我们可以到绘图室里面看书,所以可能比他们泡茶馆少一些。泡茶馆那是联大当时的环境不行,因为茶馆里边有汽灯,实际是把煤油汽化之后,然后用一个碗来发亮,那个灯很亮,而且钱也很少。反正坐在茶馆里面,可以从早坐到晚。

【汪曾祺《泡茶馆》】

　　有一个姓陆的同学，真是一个泡茶馆的冠军。他的盥洗用具就放在这家茶馆里。一起来就到茶馆里去洗脸刷牙，然后坐下来，泡一碗茶，吃两个烧饼，看书。

　　晚饭后，又是一碗，直到街上灯火阑珊，才夹着一本很厚的书，回宿舍睡觉。

汪曾祺们在茶馆读书，许渊冲则忙着交女朋友。

【采访西南联大外文系学生　翻译家　许渊冲 96 岁】

　　（第一个女朋友）我们同时上法文，我们同时在阳宗海游泳，这样开始认识。（第二个）一块儿看看电影，上上图书馆，第二个就比第一个接触多一点了。大四这个好玩了。我本来不喜欢她，但是一块儿演戏，演英文戏，她演女主角，我不是男主角，但是我演追求她的那个，结果弄假成真了。

70 年前的日记中，不少是少年许渊冲辗转反侧、寤寐思服的烦恼。这样的冲动，一直持续到现在。每天深夜他还在继续翻译《莎士比亚全集》。

【采访西南联大机械系学生　中科院院士　潘际銮 90 岁】

　　我们工学院不可能谈恋爱，忙死了。一下子不及格，连（读书的）资格都没有。而且一个女生都没有，真的一个女生都没有。

【采访西南联大哲学系学生　诗人　郑敏 97 岁】

　　联大呀是一个最自由的地方了，你愿意在外面搞什么没人管，你只要把课内的事完成了，你爱（做什么），哪怕你学什么俄文，没人管你。

西南联大

西南联大壁报

【采访西南联大外文系学生　翻译家　巫宁坤　97岁】
　　我在西南联大的时间就是两年，但是对我的影响很大很大。我第一次接触到那么多知识分子在一起，有独立的人格。

西南联大校门左侧的一面围墙，本是小广告粘贴区。自1943年起，陆续出现了几种壁报。最初只是手抄小报，后来变成设计精心的大报。1944年春，一份名叫《现实》的壁报出刊。

【采访西南联大历史系学生　全国人大常委会原副委员长　王汉斌　92岁】
　　我办壁报，《现实》壁报是学校第一份报纸。（讲）时事，国家的大事。我那壁报一出来就有成群的人在那儿看哪。

1942 年，王汉斌在昆明考入西南联大时的学生注册片

在这些报刊的传播和闻一多、吴晗等知名教授，关于民主、爱国的时事讲演感召下，越来越多的西南联大学子开始关心和投身政治。西南联大成为大后方的"民主堡垒"。

【采访西南联大社会系学生 全国人大常委会原副委员长 彭珮云 89 岁】
　　整个联大是充满了民主、开放、活跃、向上的气氛。在课外我参加了很多社团，"高声唱"合唱团、剧艺社、社会科学研究会等等。虽然我只待了不到一年的时间，但是这一段真正是激情燃烧的岁月。对我的一生，有深远的影响。

抗战前夕从贵阳来到昆明的彭珮云，是西南联大最后一个年级的学生。在她就读社会系一学年后，1946 年 7 月，西南联大结束抗战使命，北返平津。彭珮云与王汉斌也结伴离开昆明。此时，这个介绍她加入中共地下党的学长，已成为她的恋人。

1945年秋，西南联大留影（前右二为彭珮云）

1985年，彭珮云在西南联大旧址

【采访西南联大社会系学生 全国人大常委会原副委员长 彭珮云 89岁】

当时一个很重要的问题，就是爱国。无论老师、同学，无论是从大后方来的，甚至是从沦陷区跑出来的，无论是家庭比较富裕的、很穷困的，大家都是一心就想，抗战要胜利，国家要富强、要民主。

1945年春天，23岁的杨振宁考取清华大学"庚款"奖学金，赴美国芝加哥大学留学。三年以后，他在这里迎来西南联大的同窗好友邓稼先。

【采访西南联大物理系学生 物理学家 杨振宁 95岁】

那个时候我租了一个小的公寓，所以我们三个人就在那个地方，在那个公寓里面待了一夏天。那是我最后跟邓稼先长期在一起的时间。第二年，1950年邓稼先就得了博士学位，他就回国了。

邓稼先与杨振宁、杨振平合影

西南联大

1950年8月20日，邓稼先获博士学位，摄于美国普渡大学

1964年10月16日，中国爆炸第一颗原子弹。

1967年6月17日，中国爆炸第一颗氢弹。

1970年4月24日，中国第一颗人造卫星成功发射。

1971年，与西南联大的学弟李政道一同获得诺贝尔物理学奖的杨振宁回到中国，见到阔别了22年的邓稼先。在这以前，他已知道邓稼先是中国原子弹研发事业的学术领头人。

杨振宁问邓稼先，有没有美国人参加中国原子弹的工作，像美国谣言传说的那样。邓稼先说，他觉得没有，但是会再去证实一下。

8月16日，杨振宁收到邓稼先的来信，说他已经证实，除了最早于1959年年底前，得到苏联的极少援助外，中国核武器工程没有任何外国人参加。

【杨振宁《邓稼先》】

此封短短的信给了我极大的感情震荡。一时热泪满眶，不得不起身离席去整容。事后我追想为什么会有那样大的感情震荡：为了民族的自豪？为了稼先而感到骄傲？

第三章·大学之大

郭永怀（左）

郭永怀

西南联大

  1999 年，中华人民共和国授予 23 位科学家"两弹一星"功勋奖章，其中有八位出自西南联大：1938 年任教西南联大理学院的赵九章、1938 年以北大物理系研究生身份在西南联大半工半读的郭永怀、1938 级物理系本科生陈芳允、1938 级机械系本科生王希季、1941 年任物理系助教的杨嘉墀、1941 级物理系本科生邓稼先、1942 年由中央大学转学西南联大物理系的朱光亚、1945 年在西南联大开设航空专业课程的副教授屠守锷。

  "两弹一星"功勋奖章颁奖之时，郭永怀已经离世 31 载。

  1968 年 12 月 4 日，郭永怀从青海基地赶回北京的途中，飞机失事坠毁。郭永怀的遗体和警卫员牟方东紧紧地拥抱在一起。当人们费力地将他俩分开时，才发现郭永怀的那只装有绝密研究资料的公文包，安然无损地夹在他们胸前。

  1986 年 7 月 29 日，长期受到放射性物质伤害的中国"两弹元勋"邓稼先，在病痛的折磨中离开人世。

王希季

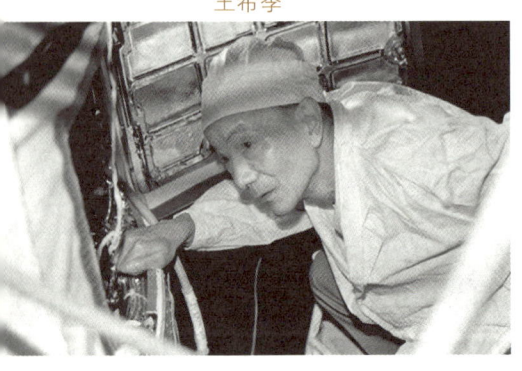

王希季在卫星总装现场

在给邓稼先夫人许鹿希的电报与书信中,杨振宁如是写道:

> 稼先为人忠诚纯正,是我最敬爱的挚友。他的无私的精神与巨大的贡献是你的也是我的永恒的骄傲。

当获得"两弹一星"功勋奖章的西南联大师友渐次离世后,96岁的王希季,依然每天会在工作岗位出现。

两位机械系的学弟,都已年过九十,同样还在工作。

中国爆炸力学奠基人和开拓者之一的郑哲敏,因阐明爆炸成形的机理和模型律,解决了火箭重要部件的加工难题和重大工程建设核心难题,于2013年获得国家最高科学技术奖。

将氩弧焊应用于核反应堆制造,完成了中国第一套核反应堆焊接工程的潘际銮,还在不断创新,研究成功电子束焊机、电弧传感器、核电站焊接技术、高铁铁轨焊接技术等。用他的话来说"还从来没有失败过"。

【采访西南联大机械系学生 中科院院士 潘际銮 90岁】

能不能活到一百岁,这就很难说了。反正我活着的时候,我老在追求比较重要的大事。所谓重要的大事,就是对国家,或者对工程有贡献的事。没有意义的事我也不做,没有难度的事情我也不想干。我要做就做国家需要的,人家做不到的,人家不会做的。比如说核电站的事,我就干得很起劲,干成了我就高兴。我到工厂去,当时焊钢轨,我都到工地去跟他们一起搞。

倘若我们要追溯西南联大的学风与传统,不妨回到1914年11月5日的清华园,梁启超先生在这里做了名为《君子》的演讲。

【梁启超演讲《君子》】

英美教育精神,以养成国民之人格为宗旨。国家犹机器也,国民犹轮轴也。转移盘旋,端在国民,必使人人得发展其本能,人人得勉为

GENTLEMAN，即我国所谓君子者。莽莽神州，需用君子人，于今益极，本英美教育大意而更张之！

这场演讲之后，关于君子精神的"自强不息，厚德载物"成为清华校训。十年之后，梁启超与王国维、陈寅恪、赵元任成为清华国学研究院四大导师。

【1929年6月清华园陈寅恪为王国维题写纪念碑铭】

　　士之读书治学，盖将以脱心志于俗谛之桎梏，真理因得以发扬。思想而不自由，毋宁死耳。斯古今仁圣所同殉之精义，夫岂庸鄙之敢望？先生以一死见其独立自由之意志，非所论于一人之恩怨，一姓之兴亡……惟此独立之精神，自由之思想，历千万祀，与天壤而同久，共三光而永光。

这是陈寅恪为去世两年的同人王国维题写纪念碑铭。这一年清华国学院停办,但"独立、自由"的破天之语却成为乱世理想之光。

【梅贻琦《大学一解》1941 年 4 月于西南联大】

新文化因素之孕育所凭借者又为何物?师生之德行才智,图书实验,大学之设备,可无论矣。所不可不论者为自由探讨之风气。宋儒安定胡先生有曰:"艮言思不出其位,正以戒在位者也,若夫学者,则无所不思,无所不言,以其无责,可以行其志也;若云思不出其位,是自弃于浅陋之学也。"此语最当。

这是梅贻琦出任清华校长的第十年。十年前他在就职演说里第一次提到"所谓大学者,非谓有大楼之谓也,有大师之谓也"。十年间,他的治下果然大师云集,群星璀璨。

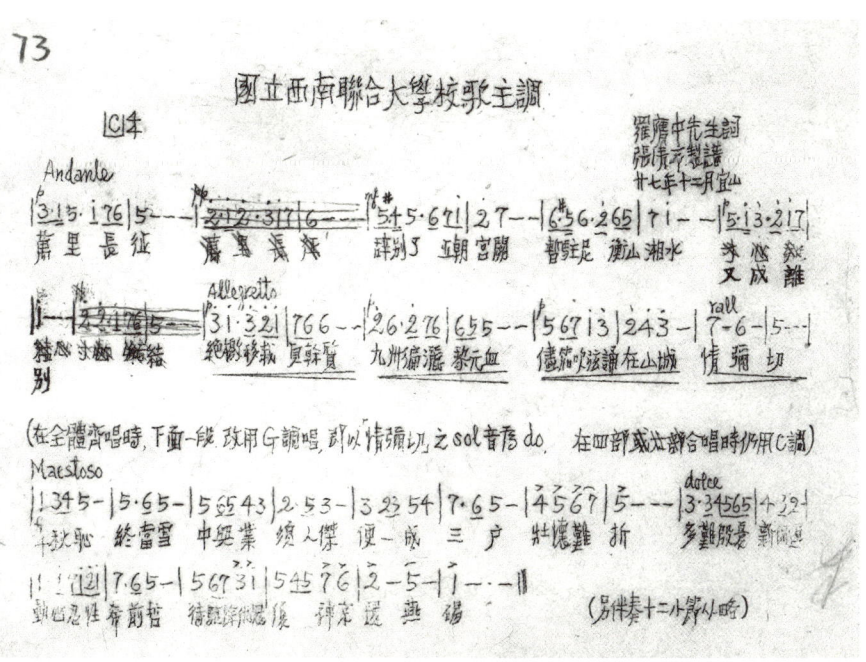

国立西南联合大学校歌主调

西南联大

在西南联大179位教授当中,留美97位,留英18位,留欧陆38位。5位院长和26位系主任中的20位全部留美。这个葆有完整中西文化教育背景的学术群体——出生于19世纪末的陈寅恪、汤用彤、吴宓、傅斯年、胡适、冯友兰、钱穆、梅贻琦等人正值知天命之年,处在学术上的最佳年龄段;晚他们一代,而立之年的钱锺书、费孝通、冯至、卞之琳等人刚刚学成归来——他们的教育思想直接接轨现代大学最前沿,尽管炮火频仍,却得以在高原这方特殊的精神家园,观世界之潮流,融东西之优长,开创属于中国的学术传统。

从梁启超到梅贻琦,从《君子》到《大学一解》,一脉相承的天地正气,浩浩汤汤,终究水落石出。

多年以后,台湾歌手黄舒骏创作歌曲《未央歌》,向原作致敬,风靡一时。人们于是就"未央"之意求教于在耶鲁等学府执教艺术史的吴讷孙。吴讷孙说,"未央",由出土汉砖上的"千秋万世、长乐未央"而来。"为往圣继绝学"——真正的大学,才能让中华文脉不断。

多年以后，王汉斌参加了中华人民共和国 1982 年宪法修订、香港和澳门特别行政区基本法的起草；彭珮云则长期致力于中国妇女儿童事业。2004 年，联合国授予她"特别贡献奖"。

多年以后，汪曾祺写出了很多像沈从文一样，"平淡的、没有脑壳打架的"文字，被称为"中国最后一个士大夫"。

那些外语系的同学们：赵瑞蕻翻译了《红与黑》；杨苡翻译了《呼啸山庄》；巫宁坤翻译了《了不起的盖茨比》；刘缘子翻译了《人类的故事》；许渊冲则用他我行我素的方式，翻译了《诗经》《楚辞》《包法利夫人》《追忆似水年华》……2014 年，国际译联把亚洲第一个"北极光"杰出文学翻译奖授予了备受争议的 93 岁的许渊冲。

【采访西南联大外文系学生　翻译家　许渊冲　96 岁】

我就说我的根源，根在联大，根源是闻一多、钱锺书。

【采访西南联大外文系学生　翻译家　杨苡　98 岁】

"Make the most of everyday." 就是每一天，都要做到最好！

【采访西南联大外文系学生　北京第二外国语学院原院长　张道一　90 岁】

西南联大对我的教育是很深的。我当场的笔记，你可以看看，我用蘸水钢笔写的，二年级上学期。我保留了几十年了，从昆明带到北京。你们见过这种纸吗？云南竹纸。

【采访西南联大政治系学生　民航总局原国际事务顾问　李忠　97 岁】

校章啊，学校的同学，学生戴的。70 多年了，保存得好好的。

【采访西南联大机械系学生　中科院院士　潘际銮　90 岁】

抗战时候，我们这些流亡的难民或者学生，最大的希望就是打败日本人。打败日本人以后，我们就不做亡国奴了，我们就变成中国人，真正的中国人，就可以回家了。那个时代的学生，确实没有别的思想，因

西南联大

为无利可图、无名可图。所以大家勤奋念书,确实很勤奋,就是救国,大家救国。

抗日战争跟西南联大这个阶段,对我的成人是一个很重要的阶段,我觉得我的人生观是在那个时代形成的,怎么为人,怎么治学,都是那个时代形成的。吃苦、勤奋、为国都是那个时候形成的。

【采访西南联大物理系学生 物理学家 杨振宁 95 岁】

西南联大对我一生的影响非常大。因为我跟西南联大的交往,其实是整个在昆明的七年。因为 1938 年到 1942 年,我念了本科;1942 年到 1944 年,我念了两年的硕士研究生;1944 年到 1945 这一年,我变成了联大附中的一个数学教员,教了一年书。也就是那一年,我跟马仕俊先生学习了场论。场论是当时最前沿基本物理学的领域,这个与我后来一生的工作有决定性的影响。

所以在西南联大的七年对于我后来的影响,是没法用语言描写的。

【采访西南联大电机系学生 教师 孙亮 91岁】

"千秋耻,终当雪。中兴业,须人杰。便一成(三)户,壮怀难折。"平常我还是唱得比较准确的,就是第一天,进联大的第一天,就教它了。

【采访西南联大机械系学生 中科院院士 王希季 96岁】

你看校歌里面有:"中兴业,须人杰。"我就是想做一个人杰,能够为抗战出力,能够为建设出力,能够为中华民族伟大的复兴出力!

【采访西南联大机械系学生 中央音乐学院附中原校长 方堃 95岁】

西南联大,忘不了啊!

西南联大

中国社会科学院马勇研究员访谈录

> 马勇，安徽濉溪人，中国社会科学院研究员、研究生院教授、博士生导师。著有《中国文明通论》《重寻近代中国》《晚清笔记》《蒋梦麟传》等。

1. 二十世纪二三十年代的北大、清华与南开，名师荟萃，大师云集，同时期的中国大学发展也非常迅速，为什么在那个时代会出现这样的景象？

马勇：我们先简单说说大学在中国的历史。大学体制不是东方固有的。

中国从古代一直走下来，是一个学在民间的状态，就是你怎么学是你的事情。国家只管什么？国家只管考。我不培养你，我就是要考人才，你在家里边怎么学我不管，但是我正常考。

但是西方的知识教育自中世纪以后，则走向一种体系化的教育，体系化的教育就必须有学校。因此我们整个高等教育体系，是完全按照西方的模式来的。

我们来看看中国的大学。1898年中国的第一所大学才开始正式创办：京师大学堂，就是后来的北京大学。从1901年开始，到1937年抗战爆发，我们就三十几年的大学历史。但是这三十年很不得了，北大、清华、南开都跻身为国际一流大学，包括稍后起来的燕京大学。燕京大学到抗战爆发的时候，已经成为全球很重要的大学，某种意义上和哈佛大学是平级的。某些学科上，关于中国历史研究，中国文化研究，中国语言研究，就是哈佛所招的全世界的学生，也必须到燕京大学来，不到燕京大学你的含金量就差一些。

那么为什么仅仅三十年时间，大学就办得那么好？而且还有我们后来要讲的西南联大，它八年时间就办得那么好？道理很简单，就是充分地国际化、充分地模仿别人，别人怎么做我就怎么做。大学的基本规则就在那个地方，后期办学的有一个后期的优势——就是后发的优势是必然的，因为后期模仿别人嘛。

充分地国际化、充分地世界化，这是我们早期高等教育成功的一个很重要的关键。包括我们讲的像西南联大，那它也是这样的。就是在战争这种状态下，我们的高等教育也没有什么特殊性——就是要研究原子弹，还真的按照西方的方式来研究，你还得按照这个程式去做。因为大学制度，本身就是来自西方。

我们注意到民国时期，关于中国的研究，从原来的中国本位走向了西方方法。说到那个时期最牛气的中国文学研究，我们首推闻一多。闻一多也不是接受中国传统教育继续研究中国文学，也是到美国接受了近代以来关于文学、美学、心理学的新方法，用这种新的方法重新再解读，因此才给我们一个全新的关于中国文学史的一些新的概念。这个时候去看的话，可能和原来中国学术本身的传承，已经不在一个层次上了，已经从原来中国传统的旧学，走到了一个高等体系化的方式。

2. 从 1931 年九一八事变到 1937 年卢沟桥事变，整个华北的情势非常复杂。当时北平各大高校的知识分子群体经常在一起聚会，讨论如何共克时艰。当时的情形是怎样过的？

马勇：北平当时很小，从沙滩到北京饭店这个位置，沙滩就是北大，北京饭店就是欧美同学会。清华大学在城外，从西直门出去，就往清华走。清华的人进城都要用两天时间，就是今天进城去，在城里面办完事以后，就要在城里面待着。但是当时这几所学校，除了清华在城外北大在城内，还有燕京大学也在城外，辅仁大学在城内。北京当时学校布局，基本上都在现在的北京二环里面。因此在那个时候，很多教授们的聚会，就在北京饭店旁边一个四合院里面，

西南联大

现在还叫欧美同学会。

当时北平离南京远,但又是中国很重要的文化重镇和心脏地区。首都在南京,但是华北地区的重心就是北平。在伪满洲国成立之后,就和中华民国在这个边界的区域上,有摩擦有分歧。因为伪满洲国想它的位置,不能只是在东三省,还得往外延。因此日本就是极力要扩大出来一个华北地区的"和平区域",这个"和平区域",其实我们今天去想的话,相当于一个过渡地带,就是日本人策动的"华北和平运动"了,就不断地有一个"维新政权"出来。

在这样的一种状态下,北平就处在压力比较大的状态,因为周边不断有摩擦:长城抗战爆发,热河又要打了,等等。在这种压力下怎么办?我们可以看到梅贻琦、蒋梦麟、胡适、丁文江这一拨知识精英就在谈论,遇到争霸问题怎么面对。他们这一拨人,基本上倾向于要最大限度地推迟战争的爆发,要为中国赢得更长时间的和平。遇到重大决策的时候,这几个都是老先生,涵养都很深,互相之间你推我推,但是也有几个主心骨的角色,像胡适就属于见解比较明快的。丁文江呢,更属于那种牛人,一遇到重大问题,人家马上主意就出来了,就属于有名的小诸葛。这个时候大家也都很佩服他。像梅贻琦就属于老好先生,重大问题,基本上你们说,他在听着。那么可能胡适讲,蒋梦麟再配合着,因为他们是同门,蒋和胡都是杜威的学生。你读这块资料的时候可以感觉到,这是一个很好的知识精英群体。

3. 蒋梦麟《西潮》当中写道:"大家有意把北平的北京大学、清华大学和天津的南开大学从北方撤退而在长沙成立联合大学。我经过考虑,勉强同意了这个计划。"

对于联合办学的计划,蒋梦麟只是"勉强同意",据您的分析,他为什么会"勉强"呢?

马勇:北大本身是不准备迁的。这点我们要知道,那个时期高等教育有绝对的自主权,因为并不都是所有资金都来自国家。比如清华本身是来自庚子赔款，是个基金体制；南开是私立大学，自己筹钱的。北大本身钱也是政府拨的，但是你可以看到北大在七七事变发生后，都没有想过迁走。最后北大走的时候，就带走了一面镜子，一个物理学仪器。北大一草一木都不带走，因为它就没想着走。实际上北大当时想，战争是短暂的，我们很快就回来。就是为了学生和老师的安全暂时离开，也很快会回来。

但是清华不一样。九一八以后，清华就有南迁的打算。因为清华主要以工科为主，如果华北成为战场之后，可能会有问题。因此九一八之后，清华就在长沙这个地方选址，如果爆发战争，清华就往南迁。

后来战争进展和蒋介石的决策有关了。如果我们今天去检讨整个大的战争格局，如果七七事变之后仍然像之前这样维持局部冲突，等待全球格局的变化，那战争尽量往后拖，可能这些高校都不会迁了。但是七七（事变）一下子就打起来了。蒋介石和知识界的谈话会上讲，在华北和沿海地区的高校都得迁，不能把这些东西都给了敌人，都得迁。

那么内迁的原则确定了之后，做一个决定说你们三个合一家，这个时候蒋梦麟当然是勉强同意。因为之前说了，北大并没有南迁的打算。如果他可以选择，他可以代表北大，因为北大当时是评议会的机制，校长有行政的权力，评议会有类似议会的权力，执行部门有执行部门的权力。如果让北大本身做选择，我相信一定是另外一种状态，就是绝对不会是南迁合并联合办学，就是南迁它也会独立保持办学，从这个角度才能真正理解蒋梦麟为什么讲"勉强同意"。

4. 谈到民国时期的北大、清华与南开，人们常常以"通家之好"来概括。这个"通家之好"，往表里说，是三校校长、教授之间割不断的私人关系；往深里说，一定有更深刻的原因将这三所学校黏合在一起。我们今天来探讨三所学校联合成功、办学成功的原因，应该从哪些方面来考量？

西南联大

马勇：大家都知道，一所成功的西南联大、一所失败的西北联大，其实成功和失败的因素都是一样的。成功是因为大家互相之间容忍着，失败就因为大家互相不容忍了。我们今天去看，如果蒋梦麟、梅贻琦、张伯苓三个人，都斤斤计较，守住我自己那一点，那可能这事很麻烦。

三个人当中，他们互相之间很尊重。从资历、从年龄、从教育界的地位来讲，谁有资格领导西南联大，我们看得很明白，当然是蒋梦麟了。他做过教育部长，而且是北大校长，北大当时就是领军的地位。但是蒋梦麟在这种状态下，他认为梅贻琦处理具体事务能力强又年轻，因为这个因素，他说你多管点。张伯苓那时候也很明白，张伯苓再有能力，毕竟南开规模小了又是私立的，让南开领头去处理三校的事务，虽然张伯苓的能力当然是可以的，但总会觉得底气不一样。

从大的背景当中来考虑，三校蒋梦麟的让，张伯苓的退，都是促成西南联大成功的一个关键性因素。三个人如果都进，我相信西南联大不会比西北联大好。就是这一点上，你可以看到这几个人，应该说是一代佳话。

另外，三所学校能够联合，与当时的大学管理体制有关。西南联大的格局是三校合并之后，并不是人事合并、财政合并——不是都合并了。三所学校的编制各自的格局都保留着，而且都搬到西南去了。学校的校长办公室，教务处什么都在那儿，但是这些东西三所学校都冻结起来。就在战争状态下大家合并临时办学的时候，北大的行政事务不再单独处理，南开不再单独处理，而是三所学校启动了清华的这个行政班底——就是清华的行政班底，代表三所学校在处理课程的安排、老师排课、资金的分发统筹等等。

但是在学校更高的一个管理层面，还有一个常务委员会。西南联大，蒋梦麟不是说不管，张伯苓也不是不管，他们都是常务委员会的成员，重大问题是要提交给常务委员会讨论的。三常委那是代表三所学校最高决策层，重大问题的决策，都是记录在案，都是要同意和不同意。你可以看到，蒋梦麟不存在游手好闲，不再过问学校的事情，那不是的。

但是后来他有一个变化是在哪儿呢？西南联大后来在梅贻琦的主导下，已经按部就班地正常发展了，就没有更多的事务。我们知道蒋梦麟在刚刚搬到西南之后，到蒙自去视察，之后在昆明待一待，最后到重庆待一待。慢慢办学走向正轨，而且没有太多临时的安排，这种状态他就慢慢觉得，在学校里没事情可做。蒋梦麟又是一个很闲不住的人，一方面我们看在抗战当中，在躲警报的时候，他就复习英语，写出一本回忆录《西潮》——多么美好的文字。

之后还有精力干吗呢？其实仍然就在教育之外，尽量为国家多做事情，就是确实接待了像美国的一些访客。我们知道很重要的访客，像费正清，他当时是美国驻华大使馆的文化参赞。接待费正清也使西南联大教授们的生活得到很大的改观。为什么？因为让他知道这个真相，知道了中国抗战的艰难。这些都是蒋梦麟可做可不做的事情，他做了是为国家做了。如果他不做了，他就在西南联大，就在那闲着也就闲着了。就是这个时候你可以感觉到，他还是希望为国家，在这种特殊时期，为国家尽量多做点这些事。

蒋梦麟在西南联大内部事务的处理上，保持了很强的分寸感。既然大家委托梅贻琦去管理，那么你整天在旁边指手画脚，那不对，肯定很尴尬了。所以这个时候，我们如果用一种比较超越的立场来看的话，就很容易理解。

但是梅贻琦和蒋梦麟他们在重大事情上，是有充分地沟通。会议的谈话，都有正式的记录在案。私人谈话，梅贻琦的日记有不少记录；蒋梦麟的记录当中，没有这么多；现在张伯苓的资料也出来了，也可以看到没有那么多，但是他们之间有一个很重要的默契与沟通。默契是什么呢？张伯苓一开始讲："我的表你戴着，遇到重大问题替我表个态。"他们在这个常务委员会上，是有决策的。因为民国时期走过来的政治家和教育家特别他们第三代——接受西方系统训练的人，在这种民主决策的意识上是我们今天没法想象的，他们什么事情都是记录在案，都是同意了记录在案。

我们去读西南联大的史料汇编，你可以明显感觉到，这些个小事都记录在案。这种民主没有效率，但是民主有质量。一件事通过了，同意了，下面根本不再扯这个事，就按这个执行去。教务处、总务处、后勤处，就执行了。所以这个时候他们几个人之间，这种高风亮节，互相之间的包容和默契，应该是达到相当高的境界了。

5.除了以上已经探讨过的，还有哪些因素促使西南联大的成功？

马勇：从现在留下来的图片想象，当时办学的环境非常差。放到现在，别说是个大学知名教授，就是个中学老师，一个茅草房就让人家上课，怎么可能？但是你可以看到西南联大在那样一种环境下，能够坚持下去，而且做得那么有声有色，培养出那么多的人才。

西南联大的成功，它的因素也有很多。首先，战争环境的压力，肯定是一个重要方面，这个就不必怀疑了。另外，这一拨老师都是接受过系统的现代知识训练的，他们达到的境界完全是国际化的程度。你读蒋梦麟和梅贻琦的资料就知道，等到他们撤到大西南之后，很快就开通了另外一条跟国际社会连接的通道。通过越南，通过南亚那边走，也和国际社会有沟通，和国际学术界保持了沟通，因此才使当时科学研究的水准，没有因为到了一个闭塞的大后方，完全和国际学术界中断。

从更大的一个历史层面分析，也和中华民族通过抗战，真正完成了中华民族的整合有关。中华民族在交战之前，严格意义上来讲，我们没有一个统一的族群意识。1895年之后梁启超开始讲中华民族，但是我们没有中华民族这样一个认识。但是1937年全面抗战爆发之后，慢慢地人类学家、社会学家和历史学家这三个领域开始有意识探讨。比如费孝通、顾颉刚这一拨学者，有意识从历史学、文献学，从各个角度去探讨中华民族的祖源，这个民族是怎么形成的？在之前根本找不到这种感觉。

那么这场战争，一方面是给中国带来很大的损失，另外一方面就是国家的整合。从1894年之后开始的一个民族、一个国家的再造，经过半个多世纪，到这时候终于完成了。这场战争才使中国真正像一个国家的样子了，中华民族作为一个命运共同体的感觉就更强烈了。

　　当时大家讨论很多，我们和日本之间的战争，是两个民族之间，你要灭了我，我要存在的一种状态。那么这样一种激励，可能也是我们今天要注意的。我们去读钱穆、张荫麟、熊十力，他们都在讨论中国民族通过战争复兴，我们有几个路径，我们有没有提供民族复兴的精神资源。我们的精神资源是什么？中华民族是一个，我们是作为一个民族，为生存、为发展而战。那么这种东西，应该说对当时的年轻一代，对知识阶层是一种激励。我们今天来讨论西南联大成功的因素，这方面可能有很多值得分析的。

第四章 火的洗礼

西南联大

【西南联大教授 金岳霖《论道》】
　　中国思想我也没有研究过，但生于中国，长于中国，于不知不觉之中，也许得到了一点子中国思想的意味与顺于此意味的情感。

　　1938年9月28日上午，云南昆华师范学校的一间教室里，教授哲学的金岳霖正全神贯注于自己的专著。此时，西南联大文法学院刚刚从蒙自迁到昆明。因为新的教室和宿舍还在施工中，学校的师生只得暂时租用昆华师范学校和昆华农校的教室。
　　临近中午的时候，学校的上空突然响起空袭警报。

金岳霖在西南联大

西南联大被炸

【陈岱孙《回忆金岳霖先生》】

  昆明受到敌人飞机在云南的第一次空袭。这次空袭被炸的地区恰是昆师所在的西北城乡区。空袭警报发出后,住在这三栋楼的师生都按学校此前已做出的规定,立即出校,向北城外荒山上散开躲避。

正在课堂上的经济系教授陈岱孙跟随人流朝着北城外的荒山上奔跑。他左顾右盼,突然发现自己的好友金岳霖并没有出现在拥挤的人群中。这不禁让他焦急万分。

9点20分左右,日军重型轰炸机出现在昆明的上空。此时,哲学系教授金岳霖仍旧待在教室里。尖锐的警报声和嘈杂的人声竟然丝毫没有引起他的注意。

不到两个小时,9架日本飞机一共投下103枚炸弹。轰炸的中心恰恰是位于昆明城区西北的昆华师范学校,校园里的三座教学楼中,有两座直接中弹。

西南联大

【陈岱孙《回忆金岳霖先生》】

　　空袭时,我躲避在农校旁边的山坡上,看到了这次空袭的全过程。我们注意到昆师中弹起火。敌机一离开顶空,我和李继侗、陈福田两位教授急忙奔赴昆师,看到遍地炸余,见到金先生和另两位没有走避的西南联大同事。金先生还站在中楼的门口,手上还拿着他没有放下的笔。

　　空袭中,西南联大租用的教室和宿舍大部分被炸毁。金岳霖,连同他正在撰写的书稿竟然奇迹般地在这一次轰炸中幸存。他最终在昆明城内的翠湖边找到一家民宅。每天清晨仍旧是金岳霖固定的写作时间。

金岳霖在西南联大

第四章·火的洗礼

金岳霖在西南联大

【陈岱孙《回忆金岳霖先生》】

  金先生给人的第一个印象是不修边幅,随遇而安。他的两眼视力不好,怕光,所以无论是白天黑夜,他都戴上一个绿塑料的眼遮。加以一头的蓬乱的头发,和经常穿着的一身阴丹士林蓝布大褂,他确实像一个学校的教师。但他实际上是一个工作极其严谨、一丝不苟的学者。

  1920年,金岳霖在美国获得哥伦比亚大学政治学博士学位。随后他回到中国,从无到有,建立起清华大学哲学系。全国抗战爆发前,金岳霖就已经开始撰写这本哲学专著。在书中,他试图用中国人能够理解的语言阐释西方深奥的哲学原理。日本侵华战争的爆发,并没有打乱金岳霖的计划。他一路将书稿从北京、长沙,带到昆明,并刻意为这本书取了一个具有中国意味的名字——《论道》。

【金岳霖《论道》】

我虽可以忘记我是人,而我不能忘记"天地与我并生,万物与我为一"。我深知道我这本书有旧瓶装新酒的毛病,其所以明知故犯之者就是因为我要把一部分对于这些名词的感情转移到这本书一部分的概念上去。

【采访中国社会科学院研究员 闻一多长孙 闻黎明】

金岳霖是特别主张传统文化的,真正研究传统文化的,他还是要找这个救国之路,要找传统文化中间我们民族的东西,增加我们自信力,用这种东西来救国。

【金岳霖的学生 冯契自述】

当时在后方,没有稿纸,连白报纸也没有,金先生把薄薄的油光纸裁成练习簿那样大小,用毛笔按横行自左至右书写。

轰炸后的云南大学

抗战期间，日机时常空袭昆明。图为 1940 年 10 月 13 日联大新校舍被炸毁的房舍

这或许不是完成个人专著的最好时期，紧缺的不仅是书写用的纸张，因为出发的时候太过匆忙，大量的参考书籍都搁置在沦陷区。三所大学各自运出的藏书要么毁于途中，要么在到达昆明的时候已经七零八落。大多数情况下，西南联大的教授们在撰写专著的时候，都得依靠自己的记忆。而现在，他们还要面临日本飞机的轰炸。

为了避免书稿遭遇劫难，金岳霖把数百页的书稿随身装在一个公文包里。每次空袭警报响起，他就提着公文包往郊外跑。一边躲避飞机，一边修改书稿。

空袭警报很快成为人们的家常便饭。清晨，只要耀眼的阳光照射到窗户上，大家会立即想到今天可能会有空袭。学校将上午的课程改到 7 点到 10 点。中午的时候，还没等警报响起，大家就各自分散到附近的乡村中，然后下午 3 点到 6 点又继续上课。

西南联大

【西南联大教授 费孝通《疏散》】
　　我在这些日子，把翻译《人文类型》排成早课。因为翻译不需要有系统的思索，断续随意，很适合于警报频繁时期的工作。

1939年春天，同时在云南大学和西南联大教授社会学的费孝通还不到30岁。一年前，他刚刚在英国获得博士学位，并出版了他的博士论文《江村经济》。就在毕业的那个秋天，费孝通回到战乱中的祖国。在昆明，他年轻的妻子刚刚怀上他们的第一个孩子。

费孝通

【西南联大教授 费孝通《疏散》】
　　我的习惯是一听这种声音，随手把译稿叠好，到隔壁面包房里去买面包，预备在疏散时充饥的，我太太则到厨房里把火灭了，把重要的东西放入"警报袋"，十分钟以内我们都准备好了。等空袭警报一响，立刻就可以开拔。

　　昆明的市区由于地下水位过高，不可能修筑防空掩体。每当警报响起，人们就设法往北边的山坡上跑。疏散的人流中，金岳霖拎着装满书稿的公文包，傅斯年扶着患有眼疾的陈寅恪，费孝通则牵着行动不便的妻子。

【采访西南联大外文系学生 北京第二外国语学院原院长 张道一 90岁】
　　昆明市有这个部门专门管警报，飞机来了以后，非常尖锐的叫声很恐怖的。一有警报大家赶快跑出教室，在空地里趴下。

第四章·火的洗礼

【采访西南联大外文系学生 翻译家 许渊冲 96岁】

我的印象是警报之后,日本飞机就轰炸,轰炸完了走了。开始炸市内、炸民房,我一去看很生气,火烧啊,民房炸倒,炸死好多人。

【采访西南联大机械系学生 中科院院士 王希季 96岁】

一个是绘图用的仪器,就是圆规这些。第二个是计算尺,第三个就是老师那个课的教材和笔记。这三个是最重要的,因为回来要上课,如果还在上课时间,学生们也就在课堂上,先生们跟我们一样跑警报,学生跟先生都是一样跑。

【采访西南联大电机系学生 教师 孙亮 91岁】

有一天我在联大附中考英语,警报响了,舍不得交卷,保安叫完了,才跑。那个时候联大附中,跑到现在老校舍这里,顺着中间跑,靠北边有一道小门,小门外边就是坟地了。在路上就响紧急警报了,出了门,就听到昆明飞机响,坟地里面那个草就差不多有一个人那么高,我就躺在里面。

1941年联大校舍被炸

 西南联大

在日本飞机的轰鸣声中,西南联大外文系三年级学生查良铮写下这样的诗句——

【穆旦(查良铮)《防空洞里的抒情诗》】
　　我想起大街上疯狂地跑着的人们,
　　那些个残酷的,为死亡恫吓的人,
　　像是蜂拥的昆虫,向我们的洞里挤。

这一年查良铮刚刚21岁。他以穆旦作为笔名写下这首诗。出生在天津的查良铮,从6岁就开始在杂志上发表习作。1935年查良铮考入清华大学。在清华园,他常常写诗,那时候是雪莱式的抒情诗。全国抗战爆发后,查良铮随

步行团抵达昆明

着学校转移，并且参加了步行团。一路上，查良铮常常与中文系教授闻一多结伴而行，一边走一边谈论诗歌。

【采访查良铮次女 查平】

　　从长沙到昆明这一段，实际上他也看到了很多当地劳动人民的苦难，那时候我父亲是一个很热情、很奔放的、很有满腔热血的年轻人。

【西南联大学生 王佐良《一个中国诗人》】

　　后来到了昆明，我发现良铮的诗风变了。他是从长沙步行到昆明的，看到了中国内地的真相，这就比我们另外一些走海道的同学更有现实感。他的诗里有了一点泥土气，语言也硬朗起来。

受教授文学的英国老师燕卜荪的影响，查良铮开始对西方的现代诗产生兴趣。他在图书馆里疯狂地寻找着叶芝、奥登、艾略特等西方现代诗人的作品。

【西南联大学生 王佐良《一个中国诗人》】

　　联大的屋顶是低的，学者们的外表褴褛，有些人形同流民，然而却一直有着那点对于心智上的事物的兴奋。在战争的初期，图书馆比后来的更小，然而仅有的几本书，尤其是从外国刚运来的珍宝似的新书，是用着一种无礼貌的饥饿吞下了的……纸边都卷起如狗耳，到处都皱褶了，而且往往失去了封面。但是这些联大的年轻诗人们并没有白读了他们的艾里奥脱与奥登……

　　在许多下午，饮着普通的中国茶，置身于乡下来的农民和小商人的嘈杂之中，这些年轻作家迫切地热烈讨论着技术的细节，高声的辩论有时伸入深夜……

【穆旦（查良铮）诗评】

　　我们可以想见许许多多疲弱的、病态的土地都随着抗战的到来而蓬勃起来了。它们正怎样拥挤着在诗人的头脑里，振奋他、推动他，使他

西南联大

不得不一次又一次地使用粗大的线条把它们表现出来。

查良铮进入诗歌创作的高峰时期，他用最大的热情记录着人们战争中的体验。

【穆旦（查良铮）《从空虚到充实》】
　　他的家烧了，痛苦地喊，
　　战争，战争，在轰炸的时候，
　　整个城市投进毁灭，卷进了
　　海涛里，海涛里有血
　　的浪花，浪花上有光。

查良铮年轻时期

　　1938 年至 1944 年，日本飞机先后 281 次袭击云南。空袭的范围几乎遍及云南全省，造成无辜群众伤亡 7500 多人。

　　1940 年 9 月，日本军队突然进入越南。为了切断滇越铁路，他们加紧了对昆明的轰炸。

【西南联大教授　费孝通《疏散》】
　　我们踏着砖堆找到我们的房子，前后的房屋都倒了。推门进去，我感觉到有一点异样：四个钟头前还是整整齐齐一个院子，现在却成了一座破庙。没有了颜色，全屋都压在有一寸多厚的灰尘下。院子里堆满了飞来的断梁折椽，还有很多碎烂的书报。

　　1940 年 10 月 13 日，西南联大遭受到抗战以来最严重的一次轰炸。整个师范学院全部被炸毁，文化巷文林街一带的师生住宅区也被炸成一片瓦砾。在轰炸中，费孝通的家被全部炸毁。他最终在废墟里找回正在翻译的《人文类型》的手稿。

第四章·火的洗礼

1945年11月费孝通在云南大学教员宿舍前留影：前右费宗惠，前左邻居女孩邱小妹

西南联大

哲学教授金岳霖却没有这样幸运。此时的金岳霖刚刚完成另一本专著，《知识论》的写作。轰炸发生的时候，他如往常一样带着装满文稿的公文包往山上跑。

【西南联大教授 金岳霖《谈谈我的书》】
我只好把稿子带着跑警报，到了北边山上，我就坐在稿子上。那一次轰炸的时间长，天也快黑了，我站起来就走，稿子就摆在山上了。等我记起回去，已经不见了。

数年的心血，整整70万字的手稿，就这样消失在那个喧嚣的黄昏。

昆明城东南五六十公里的岩泉寺，1938年夏末，大殿左侧的小楼里搬进一位操着浓重苏南口音的儒雅男士。他7岁入私塾，17岁辍学，后做小学、中学教员谋生。著名学者顾颉刚因为看了他的《刘向歆父子年谱》，就把这个素昧平生的中学教员推荐到大学去当教授。这就是钱穆。

1938年，原本在北京大学教授中国通史的钱穆，跟随学校一路南迁。逃亡的路上，为了躲避日本飞机的轰炸，他一直将教授中国通史的五六本讲义藏在手提箱的夹层中。最终，钱穆在昆明郊外的岩泉寺找到一间禅房。他终于可以静下心来，开始闭门写作《国史大纲》。

【采访钱穆学生 台湾中山大学特聘教授 戴景贤】
钱先生的《国史大纲》是为中国人的需求写的。也就是说，整个国家已经到了危急存亡的最后时刻。所以在这一点上来讲，事实上没有那个充裕的环境，而我们所有的年轻的世代（一代），立刻需要一个解释、一个答案，中国到底有没有希望？如果中国有希望，为什么中国有希望？

【采访中国社会科学院研究员 闻一多长孙 闻黎明】
他那个序，就是直接说我这个书就是在日本入侵中国的时候，我就是要唤起国民的自信心。

【西南联大教授 钱穆《国史新论》】

当一国家动荡变进之时,其以往历史,在冥冥中必会发生无限力量,诱导着它的前程,规范着它的旁趋,此乃人类历史本身无可避免之大例。

这一时期,为了躲避空袭,居住在城内的教授们纷纷往郊区疏散。费孝通一家在昆明城东南的呈贡县(今呈贡区)找到一家农家小院。与此同时,由他创办的燕京大学和云南大学合作的社会学研究室也搬到呈贡县城,租用当地人用来供奉神灵的古楼——魁星阁作为工作基地。

年轻时期的钱穆

【西南联大教授 费孝通《云南三村》】

我们的小楼中有一个小图书馆,都是些老书,是研究人员在学生时代积攒起来的。偶尔我们能找到一个女佣,但大部分时间我们必须自己做饭和打水。没有秘书,我们必须一个字一个字地抄写,一页纸一页纸地油印。当我们去做田野调查时,我们不得不步行几十里山路,有时连着几天翻山越岭。

【美国哈佛大学教授 费正清自述】

那时候费(孝通)先生是总助手,给学生当助手,给同事当助手,帮助他们搞选题,帮助他们做调查,帮助他们讨论提出的观点,帮助他们写文章;完成文章后,帮助他们刻写蜡版,把文件油印出来,装订成册。

西南联大

【西南联大教授 费孝通《山水人物》】

现在看来,如果没有这次轰炸,我们的研究室也绝不会搬下乡,大家的生活也不会和工作打成一片,连现在这点成绩也不会有。

【采访中国社会科学院研究员 马勇】

费孝通、顾颉刚、吴文藻这一拨学者,从历史学,从文献学,从各个角度去探讨中华民族的祖源,究竟这个民族怎么形成的,在那之前根本找不到这种感觉。

钱穆

呈贡附近的乡村生活为费孝通的田野调查提供了丰富的研究素材,他和同事们纷纷奔走在西南广阔的田野中,记录下最生动的乡村中国。

【西南联大教授 费孝通《土地里长出来的文化》】

要明白中国的传统文化,就得到乡下去看看那些大地的儿女们是怎样生活的。中国人的生活是靠土地,传统的中国文化是土地里长出来的。

同样为了躲避轰炸,昆明西北郊的大普吉,西南联大的教授和学者先后将与战事紧密相关的农业、无线电和金属研究所搬迁到这里。国情普查研究所搬迁到呈贡的一座文庙里。在黑龙潭,物理研究所在这里建立起新的实验室。

费孝通在魁星阁

西南联大

【西南联大学生 姜广正《在大普吉的日子》】

观亭（戴芳澜）先生在进行显微镜观察时总是一条腿站在工作台旁，另一只脚踏在凳子上，低头观测和绘图，每幅往往长达一至两小时。此时，如有人进房请示工作，只能是靠边站，等先生抬头时先问："什么事？"作答后又低头工作。

【采访中国社会科学院研究员 闻一多长孙 闻黎明】

当时在西南联大很多应用科学的开展都围绕战事。曾昭抡普及国防化学，当时日本用一些化学武器。他在北平的时候，就开始讲，不要那么害怕，怎么能够避免。周先庚的军事心理学，研究怎么提高士兵的心理素质，因为在战争期间心理作用也很大的。他本来是教育心理学家，他是研究学生心理的。在这种情况下，他改过来做军事心理学。所以他是中国军事心理学的奠基人和创造者。他做了几个实验，国家也很重视。

大普吉的药物研究所

他成立一个研究所,这些都是有意识地做的。还有滇缅公路,公路路面怎么样耐用都做过研究;还有疾病,怎么疾病预防;有很多植物,这个植物怎么提炼出一些东西;还有照明,用什么方法来做,最后做成蜡烛,用这种方式来,用很低廉的价格,用很普通的材料,可以达到。另外就是无线电的器材也好,天气预报等等这些,都是实用科学和战争走到一起了,这样的例子太多了。

【西南联大教授 任之恭《一位华裔物理学家的回忆录》】
我看到昆明经历了战争的年轻科学家的力量和潜能,我觉得有一种难以用语言表达的丰富经验和深深的极大满足。

航空研究所风洞实验室

黑龙潭:清华大学物理研究所

清华大学生物科学研究所

西南联大

1938年秋天,西南联大航空工程学系成立。与此同时,清华航空研究所在昆明的郊外建造了一个航空实验风洞。1939年7月,在西南联大航空研究所的支持下,中美合办的中央飞机制造厂在云南瑞丽建成投产。学生们除了上课之外,将更多的精力投入到设计驱逐机的工作中。

1940年12月,一个寒冷的下午,费孝通夫妇居住的农家小屋再一次被日本飞机的炸弹摧毁。混乱中,费孝通抱着即将临盆的妻子四处奔走。最终,在呈贡县城外的一家广东牙医的诊所里,费孝通的妻子生下了他们的第一个孩子。

【费孝通《山水人物》】
　　我永远记得,当我孩子在艰难中出世后,陶云逵第一个来看我们。他用鼻子闻,用手抚摸,"这是人间最美的孩子的气息"。

【穆旦(查良铮)《阻滞的路》】
　　这些是应付敌人的必需的勇敢,
　　保护你们的希望,实现你们的理想;
　　然而我只想回到那已失迷的故乡,
　　因为我曾是和你们一样的,孩子,
　　我要向世界笑,再一次闪着幸福的光,
　　我是永远地,被时间冲向寒凛的地方。

1940年秋天,查良铮从西南联大毕业。因为学业优秀,他被学校聘为外文系的助教。此时,日军已经攻占越南,云南已成为前线。昆明形势日益紧张。战局所迫,西南联大再次酝酿迁校。

1941年初,川滇黔交界的西南联大叙永分校开学。查良铮在这里教授大一英文课程。一年后,随着时局的变化,查良铮随着分校迁回昆明。日本飞机的轰炸还在继续。在校园里,年轻的诗人有了新的发现。

【穆旦（查良铮）《抗战以来的西南联大》】

在物质方面，日人已经尽可能地给了打击。然而就在轰炸的次日，西南联大上课了，教授们有的露宿了一夜后仍旧讲书，同学们在下课后才去找回压在颓垣下的什物，而西南联大各部的职员，就在露天积土的房子里办公，未曾因轰炸而停止过一日。

【西南联大学生 田曰灵《回忆西南联大化学系》】

做有机实验，用做饭的炭炉子加热。没有自来水做冷凝水，就用两个小铁皮槽，一个放在实验桌的架子上，一个放在桌子上，打上一槽水，不断地将水往上槽舀，保持冷凝水长流畅通。

【西南联大学生 王宪钊《我在西南联大学气象》】

没有水银气压表和风速风向仪，连最简单的温度表和雨量筒也没有。风小时，李宪之先生教我们用手指蘸水来感应风向，感到凉的位置所指的方向便是风向。风稍大时，将土屑抛向空中，从其移动的方向来确定风向。

【采访中国社会科学院研究员 马勇】

不论老师和学生，都有一种战争环境的压力。我们和日本之间的战争，民族之间是你要灭了我，我要存在的一种状态，那么这样一种激励，更发奋地为国家为未来去潜心读书、潜心研究。

旅行团学生钱能欣到达昆明后，将自己的旅行日记整理成《西南三千五百里》一书，交由商务印书馆出版

西南联大

【西南联大学生 钱能欣《西南三千五百里》】

时局虽然艰难,但学生们坚信,"敌人摧残了我们的艺术城,破坏了我们的象牙塔,可是毁灭不了我们三千年来的文化种子"。

【西南联大教授 柳无忌《烽火中讲学双城记》】

敌人侵略下,学生与教授在后方过着奔波流离的生活,可是民族精神依然兴旺,而"士气"更因炮火洗礼而变得更刚毅。

【英文歌《在一起》】(英文歌翻译)

我们在一起越多,
在一起,在一起,
我们在一起越多,
我们将会越快乐。
你的朋友就是我的朋友,
而我的朋友就是你的朋友。

译员乘飞机赴缅甸

我们在一起越多，

我们将会越快乐。

【采访西南联大外文系学生
翻译家 许渊冲 96岁】

我们在一起越多越快乐，那个很动感情。因为你看天天在一起，男同学也很要好，一块儿学习、一块儿玩、一块儿跳舞、一块儿上课，所以说我们在一块儿时间越久、我们在一起越多，我们将会越快乐。在一块儿时间越久越快乐，现在要离开了。

西南联大参军学生

1941年10月，西南联大外语系三年级学生许渊冲和黄维、杜运燮等三十多名同学一同报名参加战地服务团译训班。

【许渊冲日记】

当女同学用英文唱《再会歌》时，我真有点像上战场前生离死别的感觉。平时大家在一起读书上课，并不感到快活；现在要分离了，平淡无奇的教室和图书馆，却显得分外亲切；图书馆前的大草坪，从新校舍经过北院到南院的林荫道，都留下了我们的身影，令人依依不舍。

1941年12月8日，在闪电袭击珍珠港之后，日军先后攻占菲律宾、泰国等东南亚地区，并开始大举进攻与中国仅有一山之隔的缅甸。中国唯一一条通往外部的交通命脉滇缅公路面临被切断的危险。中国决定出兵缅甸。此时无论是美军空中援华人员，还是中缅印战区远征军都十分需要大量的翻译。教育部号召在后方的各个大学外文系高年级男生参军一年。

西南联大

【梅贻琦自述】

我们的同学现在正是年富力强的时候，而且都是受了相当教育的人。平时我们只恨没有好的、适当的机会为国家服务，能亲自经历这伟大时代的赐予。现在机会到了，国家急切地需要着你们……

【采访西南联大外文系学生　翻译家　许渊冲 96 岁】

这么多人参军都要讲话，梅校长那一讲话都要感动。梅校长还问寒问暖。因为我在送情报，也报到联大了，结果梅校长就来看了我。当时我在机要秘书室，因为只在部队待一年。一年以后还要回校来读书，才能毕业。

昆明的译训班提前结束，许渊冲被分配到航空大队的机要秘书室。他的工作是每天将昆明行营的军事情报译成英文，交送陈纳德，分配十四航空队的 81 架 P-40 飞机。

【许渊冲日记】

虽然时速才 400 公里，P-40 已经是当时最快的飞机。每次击落敌机一架，飞行员就在机身上贴一张插翅膀的五彩老虎，最多的击落了九架。

1942 年 1 月，日军由泰国一侧进攻缅甸。3 月 8 日，缅甸首都仰光（今缅甸首都为内比都）陷落。随后，中国远征军迅速进入缅甸，与驻缅英军协同作战。从昆明开往仰光的车队里，出现了许多西南联大学子的身影。

【穆旦（查良铮）《慰劳信集》】

"灰色的路"现在成了新中国的血管，无数战士的热血，斗争的武器，觉醒的意识，正在那上面运输，并且输进了每一个敏感的中国人心里。

这一年，查良铮主动要求参加中国远征军，成为第五军参谋长罗友伦的随身翻译。

在缅甸战场，中国远征军打得异常艰苦。由于日本军队已经占领仰光，进入缅北的中国军队刚刚抵达距离仰光三百多公里的小镇同古,就迎面遭遇日本兵团。作为第五军参谋长罗友伦的翻译,查良铮参与了同古的战斗。

【《罗友伦先生访问记录》】
　　第200师到了同古,与日军发生了激烈的战斗,终被日军三面包围了,那时最高统帅的命令是该师死守同古,牺牲到最后。因为救援部队相隔百里远,所以我们只能在撤退与死守之间做选择。假如死守,就会眼睁睁地看着被敌人包围、歼灭。

查良铮参军时期

缅甸战火纷飞的时候,在昆明东南三公里外的巫家坝机场,许渊冲则在绞尽脑汁翻译情报。

【许渊冲日记】
　　有一次我翻译的情报说,日本军舰一艘到达海防,登陆士兵有多少人;日本飞机有多少架,进驻河内机场。

【采访西南联大外文系学生　翻译家　许渊冲 96岁】
　　那地图上标了,日本陆军多少,海军多少,空军多少,在哪里,在哪里。我这情报一拿去他马上改,我的新情报,陆军哪里,飞机多少架,海军多少人,空军多少人。

第二天中午,日本飞机出现在昆明上空,与它们同时出现的还有飞虎队的飞机。

西南联大

1945年，缅北的坦克兵

【许渊冲日记】

  我只听见飞机爬高的呜呜声，机枪射击的啪啪声，只看见一架架画着一轮红日的日本飞机，尾巴冒出一团团的黑烟，被击落在西山滇池上空。

  缅甸北部，至今仍然是一个外人难以涉足的神秘世界，山岭纵横，河流密布，几乎所有溪流都汇入到一条长达400公里的河谷。河谷南段叫孟拱河谷；北边的一段，则完全没有人烟，缅甸人把它叫作胡康河谷。

  1942年5月，查良铮所在的第五军在战事失利之后，被迫向着缅甸北部的胡康河谷、野人山一带撤退。因为没有当地的向导，他们在茫茫的森林中迷失方向。

第四章·火的洗礼

1943 年，远征军在印度受训

【《罗友伦先生访问记录》】

　　像这样的河流不知经过了多少。而且越走越困难，前面走过的前卫，沿途就留下一身白骨，感觉好像真的是进入了人间地狱。有些士兵身上爬满了蚂蟥，数以万计地围着在那儿啃食他们的尸体。

　　胡康在缅甸语里是魔鬼的意思。从每年 5 月开始，暴雨笼罩着无边无际的山谷。洪水来势凶猛，转瞬之间，人马无影无踪。几个月中，不断地有涉险渡河的中国军人葬身洪涛。查良铮夹杂在队伍中，艰难前行。

军队士兵

【西南联大学生 王佐良《一个中国诗人》】

　　他的马倒了地。传令兵死了。不知多少天,他给死去战友的直瞪的眼睛追赶着。在热带的豪雨里,他的腿肿了。疲倦得从来没有想到人能够这样疲倦,放逐在时间——几乎还在空间——之外,胡康河谷的森林的阴暗和寂静一天比一天沉重了,更不能支持了。带着一种致命的痢疾,让蚂蟥和大得可怕的蚊子咬着,而在这一切之上,是叫人发疯的饥饿。

【采访查良铮次女 查平】

　　他(查良铮)就得了痢疾,非常严重的痢疾。结果这样一直到第三天的时候,他说他完全走不动了,也起不来。但当时那种情况,他(查良铮)说如果我要不跟着部队的话,那我可能就会死在森林里。当时就有一个长官,身上有两粒药片,然后感觉他(查良铮)已经好像完全要不行了,就给了他一粒,他(长官)就对我父亲说:"我给你这一粒药,你呢,吃好了,咱们就一起跟部队继续往前行;如果要是治不好的话,我也没有办法了。"

五个月之后,查良铮奇迹般地出现在森林的尽头。在印度休养的三个月里,他数次几乎因为饥饿之后的过饱而死去。

与查良铮一起参加中国远征军的同学却没有这般幸运。在野人山,西南联大物理系的朱谌,把粮食药物与战友们分享完后,又累又饿,背靠着一棵大树坐下去,就再也没有站起来。外文系学生黄维所在的第六军在缅北溃不成军,一路狂退。在澜沧江边,黄维和他的爱马渡江时不慎落入水中,被急流卷走。

昆明北门街51号的唐家花园,原本是云南军阀唐继尧的宅子。1943年春天,唐家花园的戏楼被临时租给西南联大作为单身教师宿舍。戏台二楼的大包厢里,一下子住进五个教授。他们是金岳霖、陈岱孙、朱自清、李继侗和陈田福。在此之前,他们在昆明的几处临时住所纷纷遭到日本飞机的轰炸。如今五位教授挤在不足20平方米的包厢里。每个人只能占用一张单人床和一张小书桌。

【西南联大教授 陈岱孙《回忆金岳霖先生》】

金先生又恢复了旧习惯,除早课外,每日上午仍然是他的雷打不动的研读写作时间——但他答应遇有空袭警报,他一定同我们一起"跑警报"。我们也照顾他这一习惯,在这大包厢最清静的一角落,划出一块可以容纳他的小床和一小书桌的地方,作为他的"领地",尽量不去侵乱干扰。

金岳霖再一次坐在书桌前。他以常人无法想象的毅力开始重新撰写在轰炸中丢失的《知识论》。

西南联大

【西南联大教授 金岳霖书信】

在我们的心中藏着一些不表现出来的思念、希望和焦虑,这些东西用不着表现出来,因为人人都知道它的存在,它形成了一股感情的暗流,想要保持中国的大学高等教育并非易事,不过我想我们总会做成功的。

每到星期四,钱穆依旧乘坐两个小时的火车,到昆明城里给学生上课。此时,商务印书馆已经出版他的《国史大纲》。这本书很快成为大后方各个大学通用的历史教材。

【西南联大教授 钱穆《国史大纲》】

值此创剧痛深之际,国人试一番我先民五千年来惨淡创建之史迹,一棒一条痕,一掴一掌血,必有渊然而思,憬然而悟,愀然而悲,奋然而起者。

上课的学生

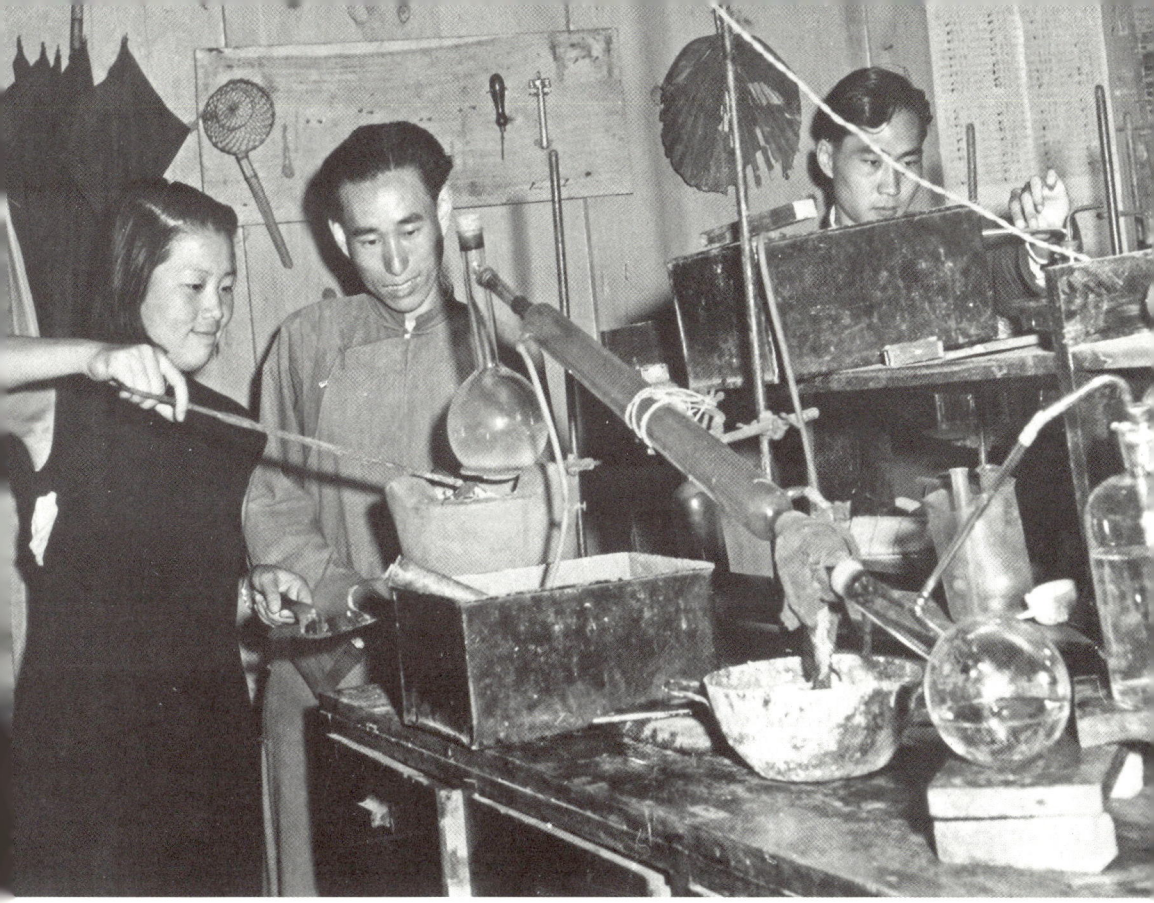

上课的学生

【采访钱穆学生 台湾中山大学特聘教授 戴景贤】

就是《国史大纲》告诉你，中国是不会亡的。不会亡的原因，是中国人有一种文明的力量，它有一种价值的信仰。而这个信仰如果鼓动了你，你就相信那个力量是真实的。

【采访中国社会科学院研究员 马勇】

（我们读）钱穆、张荫麟，读熊十力，这拨人他们都在讨论中国民族复兴，通过战争复兴，我们有几个路径。就是我们要不要提供民族复兴的精神资源，我们的精神资源是什么？中华民族就是一个，我们作为一个民族在为生存，为发展而战。

课堂上，钱穆用刚刚完成的书稿继续给学生上国史课。听课的学生越来越多，乃至钱先生要上讲坛讲授时，无路可走，需要踏着学生的课桌才能通过。

西南联大

西南联大远征军合影

【西南联大学生 何兆武《上学记》】

　　和其他大多数老师不同，钱先生讲课总是充满了感情，往往慷慨激越，听者为之动容。

【西南联大学生 姚渠芳《怀念在台湾的钱穆老师》】

　　课堂内除老师的声音，大家都全神贯注，鸦雀无声。联系到伟大的抗日战争，钱老师要求我们艰苦奋斗，克服生活上学习上的一切困难，积累知识和才能，以便听从祖国的召唤，为抗战建国贡献力量。

　　教授中文的朱自清充满激情地对他的学生说："一个大时代就要来临，文化人应该挺身起来，加入保卫祖国的阵营。"一位即将奔赴战场的学生要他题词，朱自清不假思索地提笔写下岳飞《满江红》中的一句："壮志饥餐胡虏肉，笑谈渴饮匈奴血。"

【西南联大教授 朱自清《论轰炸》】

  轰炸使得每一个中国人,凭他在哪个角落儿里,都认识了咱们的敌人;这是第一回,每一个中国人都觉得自己有了一个民族,有了一个国家。

  轰炸是火的洗礼,咱们的民族,咱们的国家,像涅槃的凤凰一般,已经从火里再生了!

【西南联大学生 李循棠自述】

  战场是广袤的丛林,是密密麻麻的大片灌木、杂草、藤萝和乔木的混杂生长地区。相距不到十米就彼此看不见。营部常常是离敌人不到百米,有时听得到敌人伐木的声音。

西南联大学生服务处

西南联大

【西南联大学生 卢少忱自述】
　　地面上的雨水流入坑中，积水过膝，两条腿泡在水中，时间长了皮肤也会发白。

【西南联大学生 梁家佑自述】
　　比火柴还细的蚂蟥叮在身上吸血，胀到小指粗。它在人身上爬，不疼不痒，很难发觉，吸饱离开后，伤口还不停地渗血。

远征军

【西南联大学生　王伯惠自述】

突然又一声巨响，眼前一片烟雾，四五个人本能地一转身就扑进了后面的一个掩体。接着四周连接十多次炮击，震得掩体里泥土沙沙下落。

【采访西南联大经济系学生　教师　罗振诜 94岁】

差不多上前线的人都是这样子，好像家常便饭一样。当时不是我一个，很多受了当时抗战教育的人，都是那么想，赶紧把日本鬼子赶出去。

【采访西南联大外文系学生　翻译家　许渊冲 96岁】

既然是最优秀的学生，自然是要爱国的，要不爱国的怎么是好学生呢？现在北大有那个记功碑，我的名字在第一排。那个记功碑上有几百个，我们是第一批，所以我的名字在第一排第一行。

在这块面积不足三平方米的石碑上，镌刻着832个名字，每一个名字的背后都是一个年轻而炙热的生命。全国抗战期间，西南联大一共有800多人入伍，加上长沙临时大学时期，参加军队的师生共有1100多人。西南联大由此成为抗战时期从军人数最多的一所大学。

1945年，抗日战争结束。查良铮将自己的从军经历写成诗句。

【穆旦《森林之魅》】

在阴暗的树下，在急流的水边，
逝去的六月和七月，在无人的山间，
你们的身体还挣扎着想要回返，
而无名的野花已在头上开满。

采访查良铮次女查平

父亲小的时候家境并不富裕，但是他确实非常聪慧，又是非常坚毅的性格。在学校的时候，他喜欢读书、喜欢思考。一到他读书的时候，就像进入了无人之境，把饭菜摆在他的桌子前，他都看不见。上小学二年级的时候，他的一篇作文就被选到天津的一份报纸上发表。然后上初中的时候，他喜欢文学，热爱诗歌。那个时候就已经展露出他创作诗歌的天赋。初中二年级的时候，他的国文老师经常把他的诗作朗诵出来，来作为给同学的示范。11岁的时候父亲考上南开中学，据我舅舅回忆，那个时候他已经显露出他非常敏锐的思维方式。当时在南开中学有一份校刊，叫《南开高中生》，我父亲主要就是为校刊写诗歌和散文。

父亲在很早的时候，可能也就是刚上清华大学的时候，实际上他就接触一些非常进步的爱国人士，所以就受到他们的影响。在他入学考上清华大学不久，日本侵占了东北三省大片的土地，当时在北平的时候，发动了"一二·九"学生抗日救国运动。当时我父亲也积极投入到支持运动的活动中。他没有参加"一二·九"运动，但是当时整个全国的学生运动高潮是很热烈的，我父亲那时候已经是一个具有非常强烈民族感的爱国的青年学生，所以他加入了清华大学师生的集会游行。另外他还经常给他在浙江的同学写信，满腔热情地描述他亲临现场的那个情景与感想。另外他写了很多信给朋友，其中每封信里他都加有照片，就是他在集会游行的现场照的照片，还有他当时即兴写的一些诗篇。可惜这些东西最后都没有保存下来。

他的那种抗日救国心是非常强烈的。抗日战争时期，他那时候上清华大学，他给我奶奶写信。因为当时国内的海带和海蜇都是日本进口的。他就跟我奶奶说，不许买海带、海蜇，不要吃这个。当时的布料——棉布，日本进口的棉布是非常好的，也相当贵。我奶奶就亲手给他做了一件大褂。但是我父亲从来不穿。他的骨子里确实觉得日本侵略中国是一件非常非常让他激愤的事情。后来在西南联大的时候，我父亲是一个很热情、很奔放、很有满腔热血的年轻人。西南联大当时也是宣传和鼓励，师生们要积极去参加抗日救国战争的。因为那时候他才24岁，参加战争对他也是一个推动力，写诗可以更有激情一些。

我父亲是个非常孝顺的儿子，因为我奶奶也是只有他这一个儿子，另外有两个女儿。当时他从军的时候，其实我的奶奶并不同意的，家里人不同意。当时我父亲说服了我奶奶，我奶奶实际上没有办法，因为我父亲那时候已经在昆明了，我奶奶是在北京。当然就这么一个儿子，真是怕他在战争中就去世了，就没有了。所以我想他最后说服了我奶奶，就去报名参加了。我父亲虽然参加了远征军，但是我父亲所受到的那些遭遇，我奶奶她们都是不知道的。

有一次我父亲跟我，就是非常轻描淡写讲了这么一个故事。

他说他有一次跟军队里面一起在行军，他说在一个森林里面经过，他就得了痢疾，非常严重的痢疾。一直到第三天的时候，完全就走不动了，也起不来。当时那个情况，他说如果我要不跟着部队的话，我可能就会死在森林里面。当时有一个长官，身上有两粒药片，感觉他已经不行了，就给了他一粒。他就对我父亲说："我给你这一粒药，你吃好了咱们就一起跟部队继续往前行，如果要是治不好的话，我也没有办法。"当时我父亲就把这粒药吃了，后来就好了。

我们那个时候根本不知道，他参加远征军。而且那个时候我们也不知道远征军到底是怎么回事儿。野人山滇缅之战大撤退，那个时候没有宣传，所以完全不知道。而且我父亲当时给我们讲那段故事的时候，也是非常轻描淡写。当时他说一个长官，后来我们才知道就是杜聿明。像罗友伦，他是给他们做翻译官的，但是我们都不知道。我不知道他是做翻译官，也不知道这个长官是谁，因为他讲的也是非常轻描淡写，只是说了一下这个经历。当时我上小学二年级吧，我就不明白，但是我们都不知道他是参加什么远征军，是去参加这种抗日救国，都不知道。这些都是我父亲去世后，我们再回想起当时我父亲说的这

西南联大

个事,原来他是参加缅甸的抗日战争。我后来也看他的朋友,他们写的关于我父亲参加远征军的这个经历,我才知道。当时我父亲真的是九死一生,非常非常的难。当时他的勤务兵也死掉了,他是在军部里工作,当时是一个大撤退的时候。当时撤退的时候要求所有的大部队先撤,他们军部断后。所以他们出发的时候,我父亲在路上看到很多死去和腐烂的尸体。

我父亲在《森林之魅》这首诗里写道,他看到了一些非常非常惨烈,这些活着的人,实际上也是非常非常艰难。那里面描述在森林里面,下着毒雨,我父亲当时那个腿,因为走路腿也肿了,非常可怕的那种大蚊子的叮咬。非常的难,最难的是什么呢?就是他们断粮了,八天之久,当时那种饥饿,完全是一种发疯的饥饿,加之森林里的阴暗和死寂,所以这些人行军在这个山里头,当时不管是身体上的折磨,还是精神上的折磨,都是巨大的折磨和考验。因为他有看到这些战士,走着走着倒在地上,就死掉了,还有的就是睡一夜觉,第二天你再看这个尸体,完全只剩白骨,这个肉已经被森林里的那种什么虫子,已经给吃光了,就是非常非常残酷。特别是我父亲他参加第五军,杜聿明的这个军队,当时在那一代打仗是最艰苦的部队,死人也是最多的。我父亲后来逃出来以后,他的朋友就说没想到,这么一个长得瘦长,然后外表又看着很脆弱的诗人,居然有这种不可想象的经历。

在美国留学的期间,我父亲也发表了好几篇英文的诗歌,在诗歌报刊上都有发表。所以其中有一个美国人,后来跟我母亲讲,说你的丈夫他的诗写得真的很好,他将来会成为一个大诗人的。但是我父亲对这些都不予以理睬,他坚持要回国。他说我学的这个世界文学,我的目的就是要回国,把这些介绍给中国的广大读者。他说我在美国没有用,这些他发表不出来。所以他真是抱着这种心态回国来,那是1953年的时候。我想可能当时那个年代吧,凡是有爱国心的人、凡是有强烈民族正义感的人,我觉得都会。我父亲还参加了三千多华里的步行军,从长沙到昆明这一段,实际上他也看到了很多当地劳动人民的苦难,他也有写。然后就是远征军之后,在1945年之后,他写的《森林之魅》，在这之前他还写了很多关于农民的事情。我父亲生前是非常同情这些苦难的劳苦人民的，他是一个非常具有同情心的人。

最初的时候我觉得我父亲是一个很沉默的人，后来我看到我父亲的这些书，还有他的朋友对他的回忆，以前的对比，我感觉我父亲是一个表面看着非常平静的人，从来不发火，从来不大声说话，就是一个很平静的人，总是伏案在那写作的人。但是我后来明白，实际上在我父亲的内心里，他心里是像火在那烧一样的，心里是非常奔放的一个人。

在七几年的时候，我记得当时像巫宁坤还有他的一些老朋友吧，就是家里吃饭都吃不饱，我父亲那时候，总是寄包裹，当然不是光给巫宁坤，他还有给其他的一些朋友。给他以前的战友，寄这个包裹，救济吃的，可能还要寄一些钱。我父亲他本人生活非常艰苦，他的衣服都是穿了多少年，这袖口都毛了，这颜色，那时候穿蓝色的制服嘛，这个衣服都褪色了。我妈妈说给他买衣服，他说不用买，他说这个衣服我还可以穿，就缝缝补补再穿，我父亲完全就是这么一个人。

我记得我小时候，他每天下了班回家，吃了饭以后他基本就伏案写作。有时候我们缠着他，说爸爸给我们讲一段故事吧。大家聚在客厅里面，我父亲就经常跟我们讲一些故事，像世界名著《红与黑》《基度山恩仇记》，还有中国的古典文学小说《三国演义》《西游记》这些。有时讲着讲着我们就睡着了，他又开始来创作。1972年，我父亲就着手又开始重新翻译校正他的《唐璜》那本书。因为这是我父亲最喜欢的一本诗集，也是非常长的一部诗集。而且那个时候，七几年的时候，中国的电力不足，可能到9点、10点就没有电了，所以他就点着蜡烛继续写。

他腿很痛的时候，他就让我母亲烧一块砖给他敷在那里。他觉得他好起来，他能坐一会儿的时候，他就开始又翻译他的诗。他就是这样，所以他在从生病、腿骨折一直到他一年以后要动手术的前几天，就这一年他完成了《普希金抒情诗选》，还有拜伦的诗选，还有欧根·奥涅金等，这几本诗集，他又重新修改，重新修正、整理。

整个整理了一遍,在他腿这么痛的时候,他还坚持写作。他每天写作,因为那个时候他腿也不方便上班,就关在屋子里。他自己说腿受伤,我只好关在屋子里头,我做什么呢?就是写,一天要写十几个小时。

我父亲有很多书籍还有很多书稿,那些书都放在哪里呢?都放在里屋楼梯口,还有放在厕所里。我记得我们家那时候的沙发、椅子就放在公共厕所里面。然后书籍还有一些家具,就放在楼道里,还有楼梯口,都放在那些地方。我记得那个时候,当时就一间房子。我父亲曾经用的那个书桌,翻译诗,搞创作的那个书桌,上面摆的全都是锅、酱油瓶,还有吃饭的碗筷,就摆了一满桌,因为没有地方放,因为我们家四个孩子。我父亲每次就等到我们四个孩子睡觉的时候,他就开始把他那个小台灯打开,他还继续在那,翻译他的诗歌。我觉得我父亲毕生,对诗的热爱,就把所有毕生的精力完全放在他的诗歌上面。

《唐璜》是我父亲最得意最喜欢的翻译作品。《唐璜》本身原著就是两本。他翻译的时候每天翻译完他就给我们读,他还非常高兴。他说你看我翻译的这段,好像他特别的得意,翻译好、非常成功这种感觉。他总在中午吃饭的时候,一定要念一段他翻译的这个《唐璜》里面的英文,我们听不懂。我们就看他那慷慨激昂的样子,就觉得我爸爸好像变了一个人似的。

在他动手术的前几天,他要把这些所有他要修改、整理的诗歌完全都整理好了,他才觉得任务完成了,去做手术。《唐璜》这本书,我父亲从1962年开始翻译,七几年又开始重新修改,然后1972年劳动改造解除了,也可以发表,把他的《唐璜》剧作又重新修改整理翻译了一遍,然后重新抄一遍,然后他给出版社写了一封信。他就问,这个《唐璜》可不可以出版?当时出版社给他回信就四个字,寄来看看。我父亲当时就非常高兴,因为我父亲说1958年以后,他所有的诗,他自己的诗作都没有发表过。那时候我父亲腿已经摔了,挂着拐,自己跑去。我记得是冬天,跑去邮局买这个牛皮纸,厚厚的《唐璜》诗,他翻译了一共有三四万字,厚厚的一本。他亲自弄好到邮局去寄到出版社,但是从寄到那儿以后就再也没有消息,一点消息都没有。过了三年，那时候我记得是"四人帮"被打倒，他满怀希望，他说我这书，我再问问吧，他就又写了一封信。他又给出版社写了一封信，这个出版社当时就给他回了。回了以后就说，一稿还在出版社。他写信的时候没有回，一直没回信息。后来日本的一个年轻人，也是我父亲的一个诗歌爱好者，跟我父亲走得很近的一个人，我父亲就托他说，你去问一问，我的那个诗稿，是不是还在那个出版社保存着，这是三年多以后。结果呢，这个年轻人很好，他就给打听到了。说那个诗稿还在出版社，我父亲当时听了很高兴，就给出版社又写了一封信。出版社就说什么呢？因为作者的身份问题，现在还不能出。当时我父亲听了说他这诗稿没有丢，因为那时候他已经生病躺在床上了，腿也不行了。那时是对他最好的一个消息，就是翻译的东西没有丢还在出版社，还是很有希望将来会出版。他在日记里这样写的，诗稿还在出版社，可用。他就写了这么一句话。这是他听到的他最爱的这《唐璜》一稿，然后他就去世了。最后一次消息。1980年的时候《唐璜》最终出版。

很惭愧，我父亲的诗我以前真的不知道。我父亲在世的时候，我们小的时候，我们都不知道他是一个诗人，一直不知道。从我记事起我父亲一直就是伏案写作。我的脑子里第一个印象就是他总是伏案写作，要不然就是写诗，大部分时间就是在家里，那个时候跟我们说话很少。他实际上是在翻译，但是诗歌创作他根本就不再做了，因为不允许他做。当然我母亲也劝他，不要再做诗歌创作，不要给家里带来更多的灾难。所以我父亲就停止写诗歌了，一直到1975年还是1974年，那个时候他才开始写一些他自己的诗歌。

我父亲这一生59岁就去世了，就是写诗。我感觉他很多东西，总是用诗来表达，但是他不会去跟人讲。而且我父亲他也非常注重当时好多的年轻人，后来解除他的管制以后，有很多年轻人，特别是插队还有当工人的，那时候上大学都是工农兵训练，还有军队兵，当兵的在南开来上大学的。我觉得还有卖猪肉的，还有一个送煤球的都是年轻人。那个时候是上山下乡，我不知道他们是怎么回来的，就是干这件事情。他们对诗歌非常感兴趣，所以他们经常找到我父亲。我记得我家那时候客厅里坐很多的年轻人，我父亲跟他们谈诗的时候，每天的信件很厚就是交流这个诗歌。我父亲教他们应该怎么写。当时我父亲突然去世的时候，我的哥哥给这些诗歌爱好者，这些年轻人写信，很多人非常难过痛哭，没想到他这么快就走了。

当时我小，所以我不太理解，我不懂父亲的心，好像我也没有看出我父亲非常痛苦的样子。我记得我父亲总爱哼哼抗日战争歌曲，他总在家里吹口哨，高兴的时候吹口哨。唱那些抗战时期的歌曲，我现在都唱不了，以前我也会唱，因为我跟我父亲一起唱，所以他非常怀念抗日战争时期的事。

其实我父亲的诗，80年代初我母亲还在世的时候，当时有很多香港的爱好者，还有日本的爱好者，总去采访我母亲，喜欢我父亲的诗。因为那时候国内不能发表，因为可能我父亲最初是在香港发表了一些诗。他们那时候就亲自去看我妈妈，然后就说，我父亲的诗他们是怎么怎么喜欢，就翻译成日语。而且还有一些我父亲的诗，在去年或前年被英国大学一个专门搞诗歌创作的人，翻译成了一本英文的诗集，我大哥有参加当时的庆典活动，我们就没有去，因为我在加州。真的是他毕生经历，他最热爱的诗稿就留下来了，这是最宝贵的遗产。

我们全家人都非常感谢，你们拍《西南联大》这个纪录片，把我父亲也加到里面去，非常的感谢。而且感觉我父亲在九泉之下也会感到高兴吧。

穆旦诗歌

赞美

走不尽的山峦的起伏，河流和草原，
数不尽的密密的村庄，鸡鸣和狗吠，
接连在原是荒凉的亚洲的土地上，
在野草的茫茫中呼啸着干燥的风，
在低压的暗云下唱着单调的东流的水，
在忧郁的森林里有无数埋藏的年代。
它们静静地和我拥抱：
说不尽的故事是说不尽的灾难，
沉默的是爱情，是在天空飞翔的鹰群，
是干枯的眼睛期待着泉涌的热泪，
当不移的灰色的行列在遥远的天际爬行；
我有太多的话语，太悠久的感情，
我要以荒凉的沙漠，坎坷的小路，骡子车，
我要以槽子船，漫山的野花，阴雨的天气，
我要以一切拥抱你，你
我到处看见的人民啊，
在耻辱里生活的人民，佝偻的人民，
我要以带血的手和你们一一拥抱，
因为一个民族已经起来。

一个农夫，他粗糙的身躯移动在田野中，
他是一个女人的孩子，许多孩子的父亲，
多少朝代在他的身上升起又降落了
而把希望和失望压在他身上，

西南联大

而他永远无言地跟在犁后旋转,
翻起同样的泥土溶解过他祖先的,
是同样的受难的形象凝固在路旁。
在大路上多少次愉快的歌声流过去了,
多少次跟来的是临到他的忧患,
在大路上人们演说,叫嚣,欢快,
然而他没有,他只放下了古代的锄头,
再一次相信名词,融进了大众的爱,
坚定地,他看着自己融进死亡里,
而这样的路是无限的悠长的,
而他是不能够流泪的,
他没有流泪,因为一个民族已经起来。

在群山的包围里,在蔚蓝的天空下,
在春天和秋天经过他家园的时候,
在幽深的谷里隐着最含蓄的悲哀:
一个老妇期待着孩子,许多孩子期待着
饥饿,而又在饥饿里忍耐,
在路旁仍是那聚集着黑暗的茅屋,
一样的是不可知的恐惧,
一样的是大自然中那侵蚀着生活的泥土,
而他走去了从不回头诅咒。
为了他我要拥抱每一个人,
为了他我失去了拥抱的安慰,
因为他,我们是不能给以幸福的,
痛哭吧,让我们在他的身上痛哭吧,
因为一个民族已经起来。

一样的是这悠久的年代的风,

一样的是从这倾圮的屋檐下散开的无尽的呻吟和寒冷,
它歌唱在一片枯槁的树顶上,
它吹过了荒芜的沼泽,芦苇和虫鸣,
一样的是这飞过的乌鸦的声音,
当我走过,站在路上踟蹰,
我踟蹰着为了多年耻辱的历史
仍在这广大的山河中等待,
等待着,我们无言的痛苦是太多了,
然而一个民族已经起来,
然而一个民族已经起来。

——1941 年 12 月

森林之魅
——祭胡康河上的白骨

森林:
没有人知道我,我站在世界的一方。
我的容量大如海,随微风而起舞,
张开绿色肥大的叶子,我的牙齿。
没有人看见我笑,我笑而无声,
我又自己倒下去,长久的腐烂,
仍旧是滋养了自己的内心。
从山坡到河谷,从河谷到群山,
仙子早死去,人也不再来,
那幽深的小径埋在榛莽下,
我出自原始,重把密密的原始展开。
那飘来飘去的白云在我头顶,
全不过来遮盖,多种掩盖下的我
是一个生命,隐藏而不能移动。

人：

离开文明，是离开了众多的敌人，

在青苔藤蔓间，在百年的枯叶上，

死去了世间的声音。

这青青杂草，这红色小花，和花丛中的嗡营，

这不知名的虫类，爬行或飞走，

和跳跃的猿鸣，鸟叫，和水中的

游鱼，路上的蟒和象和更大的畏惧，

以自然之名，全得到自然的崇奉，

无始无终，窒息在难懂的梦里。

我不和谐的旅程把一切惊动。

森林：

欢迎你来，把血肉脱尽。

人：

是什么声音呼唤？有什么东西

忽然躲避我？在绿叶后面

它露出眼睛，向我注视，我移动

它轻轻跟随。黑夜带来它嫉妒的沉默

贴近我全身。而树和树织成的网

压住我的呼吸，隔去我享有的天空！

是饥饿的空间，低语又飞旋，

像多智的灵魂，使我渐渐明白

它的要求温柔而邪恶，它散布

疾病和绝望，和憩静，要我依从。

在横倒的大树旁，在腐烂的叶上，

绿色的毒，你瘫痪了我的血肉和深心！

森林：

这不过是我，设法朝你走近，

我要把你领过黑暗的门径；

美丽的一切，由我无形的掌握，
全在这一边，等你枯萎后来临。
美丽的将是你无目的眼，
一个梦去了，另一个梦来代替，
无言的牙齿，它有更好听的声音。
从此我们一起，在空幻的世界游走，
空幻的是所有你血液里的纷争，
你的花你的叶你的幼虫。
祭歌：
在阴暗的树下，在急流的水边，
逝去的六月和七月，在无人的山间，
你们的身体还挣扎着想要回返，
而无名的野花已在头上开满。
那刻骨的饥饿，那山洪的冲击，
那毒虫的啮咬和痛楚的夜晚，
你们受不了要向人讲述，
如今却是欣欣的树木把一切遗忘。
过去的是你们对死的抗争，
你们死去为了要活的人们的生存，
那白热的纷争还没有停止，
你们却在森林的周期内，不再听闻。
静静的，在那被遗忘的山坡上，
还下着密雨，还吹着细风，
没有人知道历史曾在此走过，
留下了英灵化入树干而滋生。

——1945年9月

扫码观看纪录片
《西南联大》第五集

第五章 嘉荫长留

西南联大

1937年7月7日下午，南开大学外语系大三学生胡淑贞和未婚夫龙绳武在天津租界举行了订婚仪式。

【龙绳武《"云南王"龙云之子口述历史》】
我们是在下午四时订婚，晚宴后买份报纸来看，才知道中国同日本在卢沟桥开战了。

第二天，龙绳武去了上海。而他的父亲、云南省政府主席龙云，正赶往南京，参加国民政府高层会议，讨论对日作战的问题。

战争让胡淑贞不得不中断她在南开大学的学业：

"七七事变过后几天，南开大学就被日军炸毁。我住在天津租界，站在屋顶上看，只有一架飞机来来回回丢炸弹，南开大学就这样毁了。"

胡淑贞

【龙绳武《"云南王"龙云之子口述历史》】

南开大学和另外两所高校——清华大学、北京大学南迁长沙，组成国立长沙临时大学。1937年12月13日，日军占领南京，国立长沙临时大学不得不再次考虑迁校。

在对重庆、广西和云南进行考察之后，学校当局选择了云南。

建成于1910年的滇越铁路将中国与越南、印度连通起来，为封闭的云南打开了一扇通往境外的门。这恰好是正在寻找新校址的长沙临时大学所需要的。

滇越铁路

【梅贻琦自述】

  我们选择地方时,并不是专以安全为原则,因为单纯为安全可以到西藏的喜马拉雅山。但是过分闭塞的地方,不是学校所在的目的地。到云南,是因为有滇越和滇缅两条路可以通到国外,设备仪器容易运进来。

1938年2月,蒋梦麟从长沙飞往香港。他搭乘一艘法国邮船到达越南的海防,再乘坐火车前往越南首都河内。在这里,由法国人修建的滇越铁路将把他带到最终的目的地——昆明。

  蒋梦麟此行的目的,就是要在新学期到来之前,为学校师生找到可供安置的校舍。

西南联大

【采访龙云之子 龙绳德 85岁】

来那么多人,对地方上的负担一定是增加的。但是我觉得当时的云南省政府,没有把这个作为一个最重要的问题来考虑。我知道我父亲对西南联大迁往昆明是持热烈欢迎的态度的。那个时候负责教育厅的厅长是龚自知,我父亲特别指派他负责安排这些大学。

曾两度出任云南省的教育厅厅长的龚自知,是民国时期云南教育史上的重要人物。接到龙云的指令后,他发布了一条训令:

查临时大学迁滇,为延续保持数十年来惨淡经营,硕果仅存之国家学术教育命脉,流离转徙,间关跋涉,不远万里,移设吾滇……凡我学界师生,对此宜如何深致同情,尽力援助。

俯瞰昆明城

在云南省政府主席龙云的官邸，先赴昆明落实校舍的蒋梦麟拜访了这位地方大员。这次会面，开启了云南地方政府与西南联大在此后八年里相互理解与支持的融洽局面。

龙云

【采访龙云之子 龙绳德 85岁】

对知识分子，特别是高级知识分子，我父亲是很尊重的。不光西南联大，就在云南，对云南省有名的知识分子，我父亲都很尊重。对教育我父亲是比较重视的。

【采访云南民族大学教授 谢本书】

大概是30年代初期，他就把当时鸦片的收入和其他烟草的收入拨给云南省教育厅，作为教育专款。

【采访龙云之子 龙绳德 85岁】

在我父亲执政的时候，云南省是唯一一个自己出钱、自己派留学生到美国的。那个时候我知道的，第一批考了40个人，这40个人全部由省政府出资送到美国求学。另外云南省政府还有一个规定：自费考取外国留学生资格的，云南省政府每年补助三千美金给这个自费学生。那个时候三千美金已经不错了，每年在外国学费也不要那么多。整个云南省在这方面做了很多工作。为什么会做呢？就是因为云南省自己的经济有一定的基础，才能拿得出钱来送学生出国留学。我父亲有一个论点，认为中央搞独裁，地方上没有一定的权力，这个是很难办事的。所以说地方上应该要有一定的权力，中央政府一定要让一部分财力给地方，否则地方上什么都做不起来。当时云南可以这样做，就是因为有自己一系列的企业。

西南联大

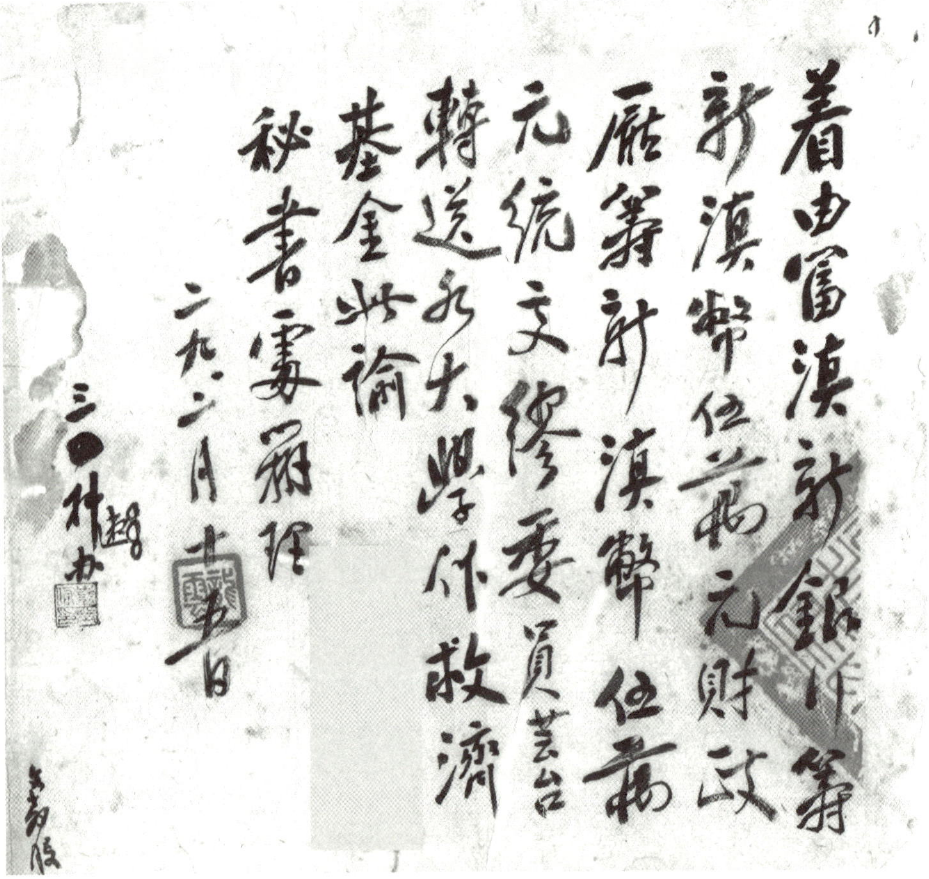

龙云下令由富滇新银行拨款五万元救济学生的手谕

【《1938年3月21日云南省教育厅给昆华三校关于腾让校舍的训令》】

令省立昆华农业、师范、工业学校校长李澍、李立藩、毕近斗：……特商得省政府同意，就各该校借用校舍一部……三日内腾空，移交临大筹备处借用。

【采访云南省档案馆副研究员 和丽琨】

三所学校在三天以内腾空，毫无疑问是有困难的。但是学界的师生要尽力地支持，要深表同情。

第五章·嘉荫长留

【采访西南联大机械系学生 中科院院士 王希季 96 岁】

那时云南省挺支持，师范学院、工学院，昆华工校这些教室，都借给西南联大。那么这些学校的学生都找附近州县去，一方面为了避免轰炸，另一方面要把校舍腾给这些大学。

【采访西南联大物理系学生 物理学家 杨振宁 95 岁】

1938—1939 这一年，西南联大的新校舍还没有盖成功，所以我们的一年级是在什么地方上课呢？是在昆华农校。我不知道你晓不晓得那个昆华农校，就在昆明西北角郊外，离城很近的一个地方，叫西站，是一个汽车站。昆华农校的房子是一个宫殿式的建筑，略微有点像北大，就是从前的燕京大学。前几年我到昆明去看还在，今天在不在我不知道了。

【采访云南师范大学教授 吴宝璋】

这一幢大楼是 1936 年 4 月份竣工的，当时是昆华农校。这幢教学大楼当时是昆明地区最好的一幢建筑。西南联大五个学院，有三个学院都在这里面办学。

龙云借给西南联大的房屋

西南联大

龙云将自己的官邸也腾挪出一部分，供西南联大使用。

【采访龙云之子 龙绳德 85岁】
我记得我们家的一部分，我父亲就象征性地租给西南联大，有办公的地方，还有几个著名教授也住在那儿。

刚嫁到龙家半年的胡淑贞惊讶地发现，她的母校南开大学也搬到了云南，而且就在自己家门口。

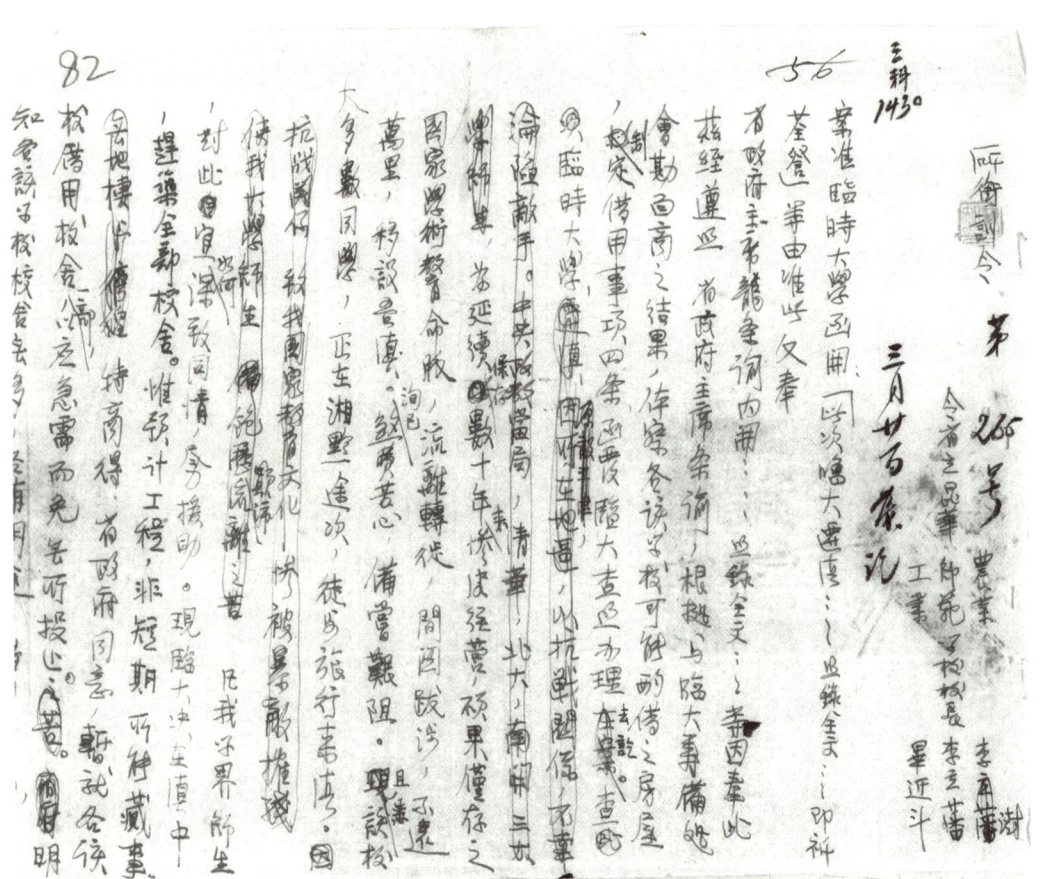

1938年3月21日省教育厅给昆华三校关于腾让校舍的训令

【龙绳武《"云南王"龙云之子口述历史》】
　　我们家隔壁就是西南联大招生办事处。我太太出街一看:"哦,西南联大招生!"她就进去报名,继续读南开大学四年级。

　　在云南省和昆明市各界人士的协助下,西南联大租得大西门外昆华农业学校作为理学院校舍,拓东路迤西会馆、江西会馆和全蜀会馆作为工学院校舍,盐行仓库作为工学院学生宿舍。

联大临时校舍(昆华农校)

西南联大

联大租借的省立昆华师范学校校舍

【采访西南联大机械系学生 中科院院士 潘际銮 90岁】

整个工学院,我们集中在迤西会馆住,老师、学生全在那儿,所以我对迤西会馆感情很深。它有三层院子,第一层院子就是几个教授,我们就在那儿上课;第二层院子是老师的实验室和办公室;第三层是我们学生的食堂和宿舍。

【采访云南省档案馆副研究员 和丽琨】

在这个基础上,政府也没有说借到校舍以后,就松一口气了,大力地配合联大在昆明征地,积极地筹措,新建我们联大的校舍。让联大的课桌,能够尽快地、安稳地放在我们昆明。

【采访云南民族大学教授 谢本书】

那么就涉及如何建设西南联大的新校址？当时主要是要找土地，然后找钱来建。最后就找到当时昆明西郊，现在是城里了，就是现在云南师范大学这块。那里土地荒芜，还有坟地，但是这个土地要购买。1937年以后，大批难民和工厂内迁，昆明的地价上涨，那个时候包括郊区的土地，一般都要卖到1400元到1500元一亩。

但是龙云说我们要无条件地支持西南联大，以最低的价格，由省政府把这个土地买下来，让给西南联大，大概每亩只花了1000元。一年以后，就在这块土地上建了西南联合大学的新校舍。

【采访西南联大机械系学生 中科院院士 王希季 96岁】

这个对云南会带来新的知识，新的风景，还有新的作风。

昆明街景

西南联大新校舍远眺

西南联大昆明校舍分布示意图

西南联大中后期在昆明市区的校舍分布

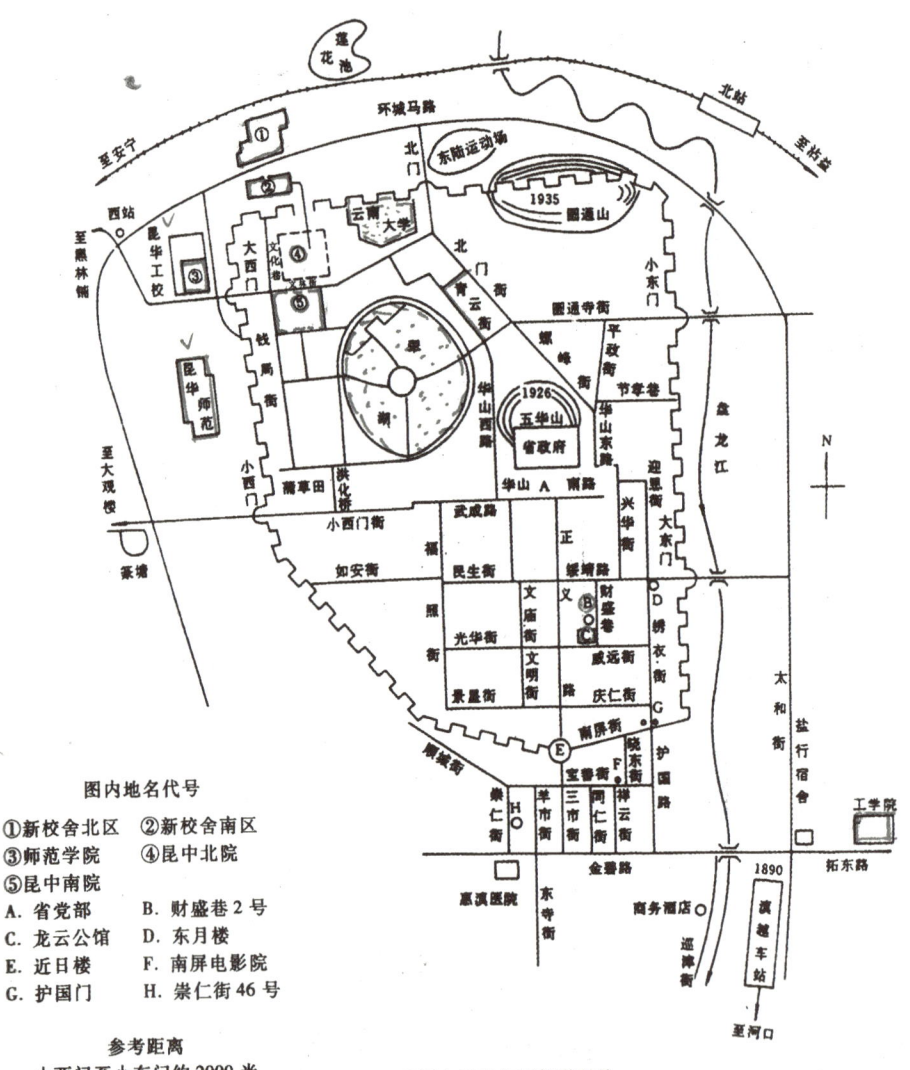

图内地名代号
① 新校舍北区　② 新校舍南区
③ 师范学院　　④ 昆中北院
⑤ 昆中南院

A. 省党部　　　B. 财盛巷2号
C. 龙云公馆　　D. 东月楼
E. 近日楼　　　F. 南屏电影院
G. 护国门　　　H. 崇仁街46号

参考距离
小西门至小东门约2000米
北城墙至近日楼约2100米
北城墙至金碧路约2500米

1995年2月航空系贺联奎绘

西南联大校区图

20 世纪 40 年代的昆明

【西南联大教授 冯至《昆明往事》】

  我在昆明搬过几次家,每家房主人男的常说:"我们是交朋友,不在乎这点房租。"女的站在旁边说:"还不是因为抗战,你们才到昆明来,平日我们是请也请不来的。"这样的话,不管是出于客气,还是出于真情,风尘仆仆的远方的来人听在心里,总是感到一些温暖……我真愿意把这个"他乡"看作是暂时的"故乡"。

西南联大

【采访西南联大物理系学生 物理学家 杨振宁 95 岁】

　　我们是 1938 年 3 月到昆明的。那个时候到联大的人很多，老师跟学生加起来不止一千人。大家对云南的印象很好，有好几个道理：第一，昆明的天气很好。第二，因为云南跟沿岸的省份不一样，大家当时所讲的就说是民风淳朴，事实上是这样子的，一般的云南人都很老老实实的。另外还有一个很重要的因素，使得外来的人对云南有一个很好的印象：因为当时龙云就中央的法币跟云南的滇票怎么兑换，跟蒋介石达成了一个协议，结果是一个法币抵十个滇票，所以外来的人忽然变得很有钱了，这个当然也使得大家对云南的印象很好。

　　年仅 10 岁、几年后将成为西南联大学生的潘际銮，忍受着饥饿和疾病，跟随家人横穿中国，从江西来到云南。

昆明街景

【采访西南联大机械系学生 中科院院士 潘际銮 90岁】

我们去了以后没有地方住啊,就住在昆明郊区一个村子里,全村都是彝族。我们没有房子住,就要跟他们租个房子。当时他们的习惯是,东西房是主人住,正厅住牛,正厅上放草。他把正厅楼上租给我们,我们就住在牛棚的上面。那个房子是木板房,里面牛粪屎尿的气味一直散发,我们就在那个地方住。当时他们不会说汉话,我们也不会说他们的话,但是相处得非常好,他们很照顾我们。我们当时没有吃的、没有喝的,经常跑到他们果园去采吃的。我那时候很小——10岁,我哥哥13岁,两个小男孩就去采人家的果子吃,弄人家的竹子回家吃;他们很和善的,不责备我们。

我们每个星期六下午回家,星期天去上学。云南经常下雨,下雨下得很厉害。有一次,星期天上学,我爬上坡路,那个雨越下越大,后来洪水都下来了。我跟我哥哥打一把伞,伞给吹掉了,洪水把我们两个人都冲走了。冲了好几里地,差点冲到滇池里去了,因为那个山洪是往滇池里去的。冲到半路的时候,正好碰到几个云南老乡,他们在拿竹篙子赶猪,看见两个小孩被水冲下来,就把我们救起来了。那个记忆非常深刻。我昏迷了,我二哥比较好一点,他拽着我,老乡把我们两个人一块儿救起来。

后来那个老乡把我送到学校去。老乡非常憨厚,我的衣服都湿了,他帮我都换掉。换掉他就走了,没有向我们要任何东西。所以现在回想起来,非常感谢云南的乡亲,那么憨厚,是我的救命恩人,要不然我们两个都死了。过了一个星期,回到家以后,我们告诉家里人,我们差点死了,我母亲都流了眼泪。所以对云南的印象太深刻了。

由于新校舍还没有建好,昆明容纳不下所有师生,西南联大校方不得不继续寻找临时校舍。他们把目光投向了更远的地方。

西南联大

【采访云南师范大学教授 吴宝璋】

　　蒙自这个地方呢,也是很独特的。法国人啊,他最早看中了云南很丰富的自然资源,你的植物王国、动物王国,你的有色金属,像锡,大锡啊,他们都是很看重的。

1889年中法战争后,蒙自被开辟为通商口岸。法国人建起了领事馆、海关、洋行和医院。

【采访云南师范大学教授 吴宝璋】

　　蒙自是云南的第一个口岸。当时的昆明也设立了一个海关,但是是蒙自的分关。这样一来,就把蒙自带动起来了。所以蒙自那个地方,应该说在一段时间也是开风气之先的。西方很多商人就来做生意,开办洋行。正因为如此,到抗战发生之前,这个地方实际上已经有了一个很好的发展基础。

蒙自街景

清末蒙自街道

二十年后,法国人准备修建一条连接云南和越南的滇越铁路。但是,在一片反对声中,铁路不得不绕过蒙自。

【采访云南师范大学教授 吴宝璋】

当时云南的老百姓,有些是反对法国人来修这个铁路的。法国修这个铁路的目的很明确,就是在你的人口稠密地、物产丰富地,我的车站就经过你这个地方。但是云南人民反对的结果,就不让你经过这个地方,所以最后法国人也进行了妥协,就绕开了蒙自。

开埠通商给蒙自带来的繁荣局面戛然而止。

随着法国人的机构纷纷迁走,蒙自一夜之间多出了许多空房。在闲置了将近三十年之后,这些空房意外地成为西南联大理想的校舍。

西南联大

百年树人

　　1938年3月17日，郑天挺用了将近一天的时间，从昆明辗转来到蒙自。他从县城的北门（承恩门）进入，沿北门街往南，到达位于旱街馆的周宅。

　　郑天挺的这次蒙自之行，是尽快安排教室和宿舍，迎接联大师生的到来。在蒙自首富周伯斋的宅邸，郑天挺度过了到达蒙自后的第一个夜晚。大约半个月前，周伯斋在这里接待了蒋梦麟，并主动将自家的颐楼腾出来，供西南联大使用。

　　3月的夜色下，蒙自清冷而静谧，就像经历了一场热烈而短暂的狂欢，拒绝了滇越铁路的蒙自又回到已经延续了两千年的沉寂中。

　　在朱自清的眼里，这座闭塞的小城有着其他地方没有的好：

【朱自清《蒙自杂记》】

　　小得好，人少得好。看惯了大城的人，见了蒙自的城圈儿会觉得像玩具似的。整个儿天地仿佛是自己的；自我扩展到无穷远，无穷大。

在支付租金的问题上，郑天挺的坚持遭遇了周伯斋的拒绝。这位绅士始终没有答应收取租金。不仅如此，他还游说蒙自的大户人家让出宅院，供联大使用。

到达蒙自的第二天，郑天挺给蒋梦麟写了一封信，告知蒙自校区的筹备进展：

　　筹备事大体就绪。现以洋行为学生宿舍，预备容400人。教员宿舍因别无相当地址设在海关，只能两人一间。女生宿舍借用周家东院楼房。

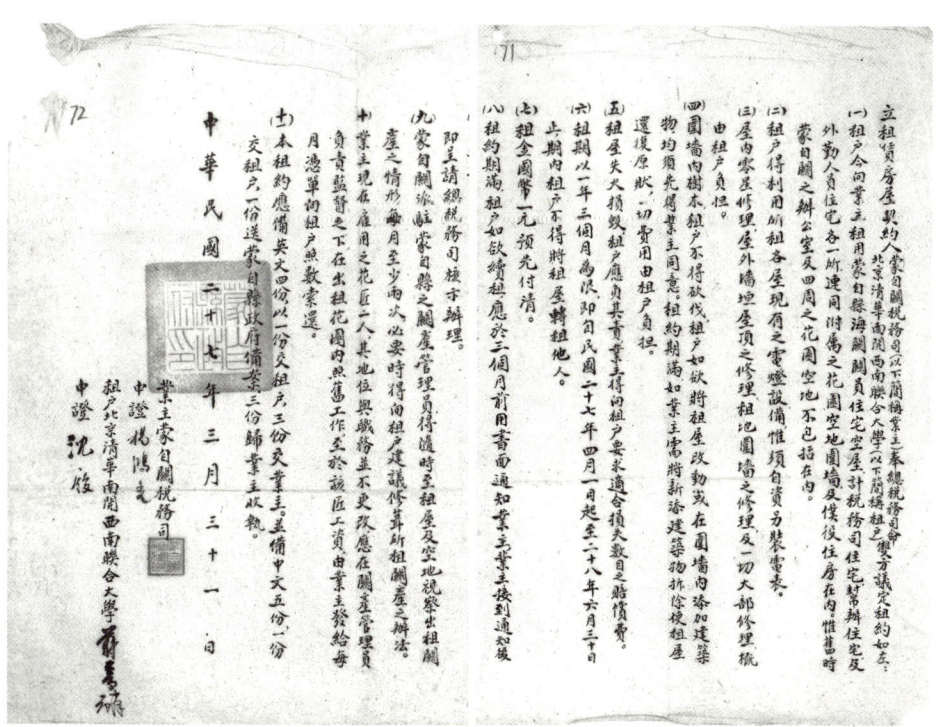

与蒙自关税务局租赁房屋的契约

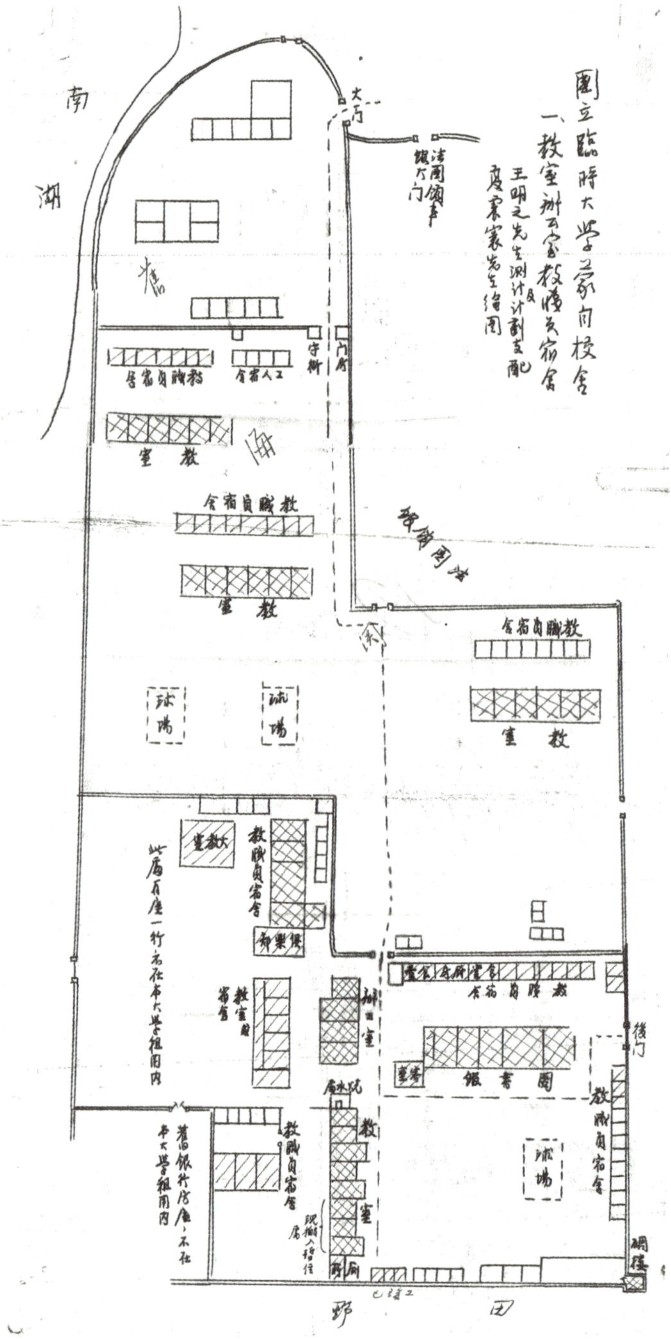

联大蒙自分校校区简图

木器已分别招商承做，教师椅每个 3.5 元，铺板每副 2.05 元，椅子每个 2 元，双层床每个 9 元。如学生 4 月 1 日启程来蒙，当可无问题。

1938 年 4 月 2 日上午，吴宓乘火车抵达蒙自。这位西南联大外文系教授被眼前的景致所触动，不禁心生感慨：

【吴宓日记】
　　此地但无烽警，便是桃源。苟能国难平息，生活安定，在此亦可乐不思蜀也矣！

在初到的一个星期里，低廉的物价和安静怡人的居住环境，让这位蒙自的新居民感到了"静适之乐"。即便是要用绳子将面包悬于空中以防被老鼠吃掉这样的尴尬，也成为吴宓眼中的小乐趣。

不过，从 4 月中旬开始，静适的生活连同蒙自的宁静一起被打破了。

【吴宓日记】
　　经粤港来滇之男女学生，分批抵此。于是城内外及校园中，顿极热闹。

【西南联大学生　徐祖慧】
　　这个寂静、朴实、超脱的蒙自城，像童话中的睡美人似的，被白马王子轻轻地一吻，突然醒来……联大学生一到，掀起了当地人的热潮，本城的居民不用说，城外山中的苗人、夷人，都趁市集，来看"外省人"，尤其是"外省女子"。

联大学生徐祖慧和其他女生被安排在周宅的颐楼里住宿。楼下一层是食堂，二、三层是女生宿舍。到了夜间，不愿意去图书馆的女生聚集在食堂自习。在本地人眼里，这无异于一种奇观。

西南联大

【西南联大学生 徐祖慧】

　　我们初到的一个月里,早晚参观者封住了大门,甚至挤进了花园,迫得校方不得不请出警卫站岗,阻止他们进来。可是他们还是不肯走开,探头探脑,指指点点,使得胆小的都不肯走出房子来了。

【历史学者 易社强(美)《战争与革命中的西南联大》】

　　女大学生的穿着和举止成了小城居民与大学师生关系的焦点……要是西南联大女生敢冒风险,穿着高叉旗袍和肉色丝袜走进拥挤的商店或餐厅,她很可能发现有一只手——不是下流的老男人猥亵的手而是妇人或孩童的小手——悄悄地伸到她的大腿下;她们只想看看,这些极有教养的女知识青年在充满诱惑的外套下面是否穿了什么东西。

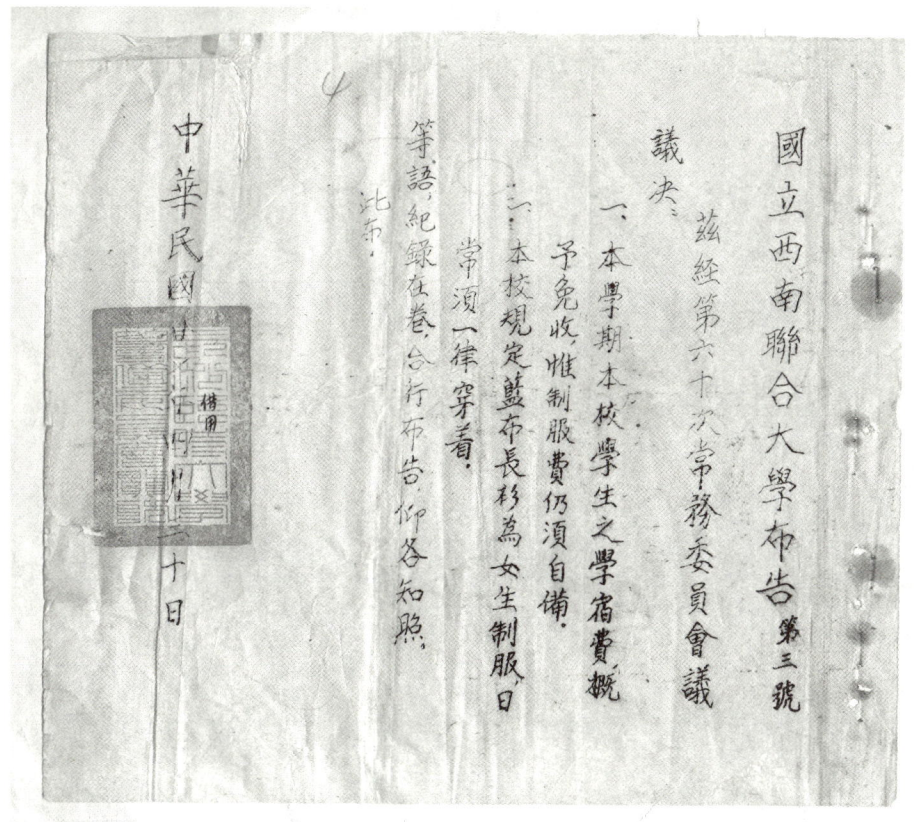

西南联大规定男生、女生制服的布告

【钱穆《师友杂忆》】

联大女生自北平来，本皆穿袜。但过香港，乃尽露双腿。蒙自女生亦效之。短裙露腿，赤足纳两履中，风气之变，其速又如此。

【西南联大学生　周定一】

（蒙自）妇女的旗袍袖子长到腕部，而联大女同学们的旗袍袖子已经短到肩部，几乎没有袖子了。不久，当地妇女的衣袖受到影响，越改越短，以至胳臂上显出几节深浅分明的肤色。

对于更多的人来说，当地美食比穿衣时尚来得更有诱惑力。

1938年10月7日，吴宓在日记里记录下了本地一家粥饼铺：

【吴宓日记】

蒙自西门内。有蜀人雷少卿所开设经营之粥饼铺。售甜粥（内多桂圆、莲子等，味美而滋补），每碗三分；又临时制作之米饼，俗名粑粑。每枚一分。宓极喜食之。

粥饼铺的主人姓雷，这家小铺子就被称为"雷稀饭"。"雷稀饭"深受联大师生喜爱。在吴宓眼里，这位满头白发的六旬老汉"似有道之隐君子……和煦雍穆，使宓敬佩。与之语，尤温雅可亲"。

"雷稀饭"成为联大学生时常光顾的地方。对于馋嘴的人来说，他们还有更多的选择。

【鹿桥《未央歌》】

只要是在云南省就不论哪个小县份、小乡村里都不难吃到三样用米粉做的食品。依本地土名叫来是米线、饵块、卷粉……三种东西都可以有各种吃法，放的作料却差不多。

蒙自乡村

第五章·嘉荫长留

【采访西南联大图书馆馆长唐贯方之子　唐绍明 87 岁】

饵块呀，芝麻酱、辣椒一撒就蘸着吃了，特好吃。

【汪曾祺】

最为名贵的自然是过桥米线。汤看似无热气，而汤温高于 100 摄氏度，因为上面封了厚厚的一层鸡油。说有一个下江人司机，汤一上来，端起来就喝，竟烫死了。把生片推入汤中，即刻就都熟了；然后把米线、生菜拨入汤碗，就可以吃起来。鸡片腰片鱼片肉片都极嫩，汤极鲜，真是食品中的尤物。

不过，人们在享用美食的时候常常会遇到困扰，因为总会有一群执着的食客要同他们抢夺食物。

【西南联大教授　朱自清】

四五月间蒙自苍蝇真多。有一位朋友在街上笑了一下，一张口便飞进一个去。

【西南联大学生　孙愚】

你看，饭馆里大盆大盆的鱼肉鸡鸭或蒸笼里的白米饭上，盖上了一块黑毡子。当你去取菜时，这块黑毡子就如一千零一夜中的魔毡一样突然飞了起来，熙熙攘攘地又落到了别的菜肴上去了。

6 月，蒙自连续下了十几天的雨，雨水填满了城里干涸的南湖。

【西南联大教授　朱自清】

南湖在冬春两季水很少，有一半简直干得不剩一点二滴儿。但到了夏季，涨得溶溶滟滟的，真是返老还童一般。

西南联大

在这道家式的宁静里,学者们得以暂时躲开战火的灼烤,重新回到学术探寻带来的乐趣之中。

【历史学者 易社强(美)《战争与革命中的西南联大》】

想象一下这道风景吧——

在我们眼前,这边有一位四十岁的男子,戴着礼帽,西装笔挺,他就是著名的散文家朱自清。四十三岁的冯友兰在湖畔缓缓走来。哲学系同事汤用彤比他年长四岁,他身材矮小,拄着手杖,步伐却很矫健。戴眼镜的谦谦君子是大名鼎鼎的历史学家陈寅恪。他懂十三种欧亚语言,正在柳树下徜徉。你一定还注意到一对年轻的夫妇:他是一位诗人,风度翩翩;她身材修长,仪态娴雅,饶有古典之美。他们就是语言学家陈梦家及其妻子赵萝蕤。他们并肩徘徊湖畔,真使人有"只羡鸳鸯不羡仙"之感。那边,有个人身着长袍,一手托着一个石榴,那位就是钱穆。一位长者迎过去,施礼过后,向他请益学问。有个学生把晚间湖畔漫步比作古希腊的巡回学校,也就不足为奇了。

身在眼前的和平风景里,满腹忧思的陈寅恪却时时把目光投向更远的地方。

在华北平原,战火仍在蔓延。1938年6月,为了阻断日军的前进,蒋介石下令炸毁黄河河堤,89万人的生命被洪水、饥饿和疟疾带走。时局的恶化、民生的凋零,让陈寅恪眼前的景象蒙上一层灰暗的色彩。此刻在他的眼里,南湖的湖光水色所映射出来的,是对国家命运的担忧和乱世之下家园难回的苍凉。

南渡自应思往事,
北归端恐待来生?
黄河难塞黄金尽,
日暮乡关几万程?

——陈寅恪

战乱带来物价的飞涨。联大师生初到蒙自时的舒适生活，随着物价的持续上涨，很快就成为过去。

【郑天挺《南迁岁月》】
>原来在长沙时，学生包饭每月仅5元5角，且午餐、晚餐都是三荤二素。及至蒙自，商人却将学生包伙提至每月9元，且菜为一硬荤、二盆荤（肉加菜）、二素。教师包伙每月12元。是时云南本地各机关的三等办事员，月薪不过12元，教职员一月之伙食已与该地职员一个月收入相等。

即便是这样的饮食水准，人们也没有享受太久。1938年8月，由于校舍被空军学校征用，西南联大蒙自分校提前离开蒙自，前往昆明。

8月29日下午，西南联大外文系教授吴宓独自从西门返回宿舍。两天之中，随着大部分学生的离开，蒙自重回了往日的宁静。

【吴宓日记】
>街中及城边，均不见诸多黄色军服之男生，与蓝袍或花衫之女生行聚。又不闻纯正爽利之北平官话。于是蒙自空城立成寂寞空虚，馆肆中尤阒其无人。而宓行过桂林街女生楼舍及早街之转角宅楼，不见倚窗人语，又有人面桃花之感矣。及出城，步绕南湖一周，风景依然，荷花正好。

10月7日，粥饼铺老板雷少卿为了感谢吴宓为他写的两副对联，赠送他两件古玩。离开蒙自前，吴宓把古玩还了回去，并写下一篇《还古物记》赠予雷少卿。雷少卿于是又改赠他一根香木黑漆手杖。

10月29日，吴宓和他的同事、后来的国学大师汤用彤来到南湖北岸的一棵树下，静坐良久。中午时分，他踏上了前往昆明的火车。

此时，他身后渐行渐远的蒙自已经不再是初到时的那个蒙自。

西南联大

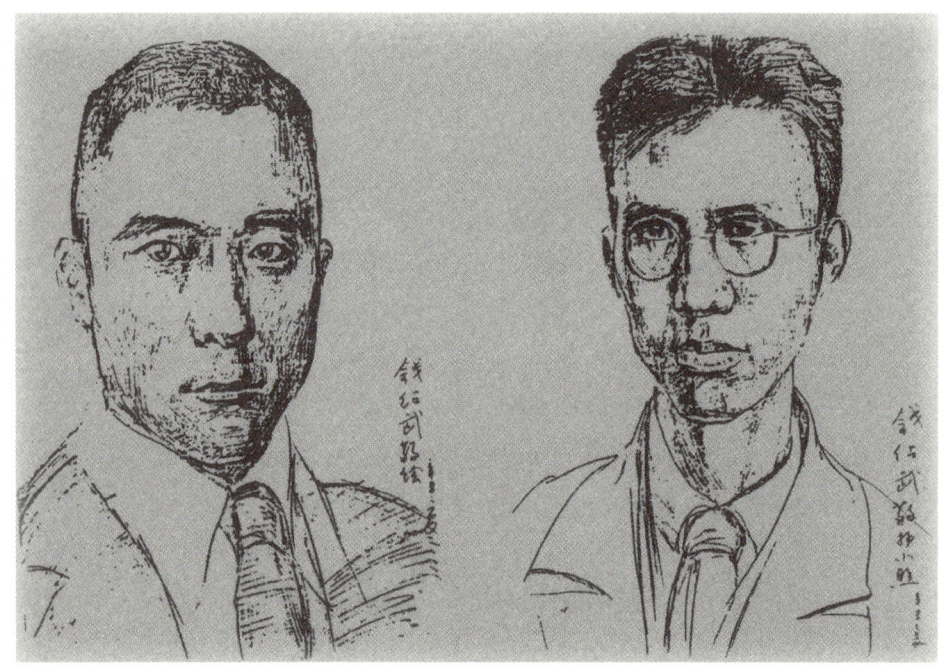

吴宓与陈寅恪（钱绍武 绘）

【历史学者 〔美〕易社强《战争与革命中的西南联大》】

姑娘已不再打着雨伞出门了。男女同校的中学已建立，少数年轻人开始报考像西南联大这样的大学。更重要的是，联大毕业生源源不断地进入蒙自，不仅提高了当地学校的教学水准，还带去了进步的社会和政治观念。

而在蒙自的街巷里，经过西南联大学生发动的"灭蝇运动"，许多食物铺子已经装备了布罩子，把苍蝇从食物上隔离开来。

【西南联大教授 朱自清】

铺子的人常和我们说："这是你们来了之后才有的呀。"

【采访西南联大机械系学生 中科院院士 潘际銮 90岁】

在昆明那个时代,可以说是非常繁华的时代。我们工学院住的是拓东路,美国飞虎队那些军人的活动地点基本是拓东路跟南屏电影院。美国军人特别多,我们跟他们也打交道。我印象最深的两个电影,一个是《魂断蓝桥》、一个是《月宫宝盒》,就是在南屏电影院看的,曲子也印象很深。

【西南联大学生 何兆武《上学记》】

在昆明的时候时常看电影,而且也不贵,一个月总可以看上两三次。当时有一家南屏电影院是新建的,设备很新,影片也都是最新的。

【采访西南联大外文系学生 翻译家 刘缘子 100岁】

由于大多数的观众不懂英语,其中一家大众电影院便请了一位翻译作现场直译。待电影开始放映时,便能看到一个身着长衫的人,端着一杯茶在平台上坐下,开始讲电影中的对话,译成云南话。

西南联大

这个在现场做翻译的人被称为"演讲人",通常是略通英语的本地人。对于学英文的刘缘子来说,这是一种不得不忍受的干扰。而有的时候,观众的反应也会让"演讲人"觉得受到了冒犯。

【西南联大学生　汪曾祺】

有一次在大众电影院,影片中有一个情节,是约翰请玛丽去"开餐","演讲"的人说:"玛丽呀,你要哪样?"楼下观众中有一个西南联大的同学大声答了一句:"两碗焖鸡米线!"这本来是开开玩笑,不料"演讲人"立即把电影停住,把全场的灯都开了,厉声问:"是哪个说的?哪个说的!"差一点打了一次群架。"演讲人"认为这是对云南人的侮辱。

昆明松毛巷

20世纪40年代的昆明

西南联大

在到云南的头两年,发生在云南人和西南联大学生之间的尴尬和摩擦并不鲜见。

【历史学者 〔美〕易社强《革命战争中的西南联大》】

初来乍到的联大师生"对云南及其生活方式都极不理解,也不欣赏。学生们发现,几乎没有商店在中午之前营业,因此他们认为当地人很懒。在云南人看来,除了导致通货膨胀、造成住房紧张之外,外地人在服饰和礼节方面连最基本的意识都不具备"。

【采访西南联大物理系学生 物理学家 杨振宁 95岁】

我们到了昆明一两个月以后呢,报纸上登了一篇文章,这个文章的名字叫作《云南人与牛》,这个作者是一个很有名的作家,叫李长之。

在杨振宁读到的这篇文章里,作者李长之将云南人比喻成牛,笃厚、可爱,却也懒散。

【采访西南联大物理系学生 物理学家 杨振宁 95岁】

这个文章被很多云南人误解,以为他是在嘲笑云南人,其实你仔细看这个文章,它是说云南人比较外省人憨厚,是比较老实。

当文章在报纸上发表之后,李长之发现自己惹恼了云南人。1938年5月19日开始,《民国日报》《云南日报》等刊出一系列文章予以"回击",请李长之"暂时避开大学教授的地位";并"正告云大当局",以后援引人才,要特别慎重,"万不宜容许轻薄小儿,混迹期间"。

讨伐之声持续了将近一个月,人们开始冷静下来,重新思考。云南作家楚图南在当地报纸上撰文,对云南人和外地人的关系进行反思。

马驮松球在市场上卖

【楚图南《云南文化的新阶段与对人的尊重和学术的宽容》】

  无论难民也好,资本家也好,学者或文化人也好,都是比较从更高阶段的社会和文化里面出来的人。他们到了这里以后,当初是生活,然后是社会关系,和云南旧有的一切,不断地发生摩擦、发生影响。最好则是文化思想的根本认识,根本的态度,也要发生变化,结果就必然要使云南的文化进到了一个更新的阶段。

1938年3月,在一次私人聚会中,刚到昆明的吴宓遇到了社会学系教授陶云逵。吴宓发现,两人性情十分相投。

【吴宓日记】

  诸人为雀牌戏,宓则与陶君谈。陶君述学术操守与恋爱心情,与宓深相投契。陶君又出示在云南西南部考察照片多幅。评述苗人风俗,及男女相约远逃自杀情形,殊为悲怆。

西南联大

1933 年，陶云逵在柏林大学获得人类学博士学位，回到中国。此时中国的社会学研究还处在起步阶段。在此后的十年中，陶云逵将以严密的分析方法，替这门学问开辟新的发展途径。

【采访南开大学历史学院副研究员 李少龙】

陶云逵先生、费孝通先生，他们这代学者去研究问题的时候，都是实战的态度，都亲自带队，历经各种艰难困苦，去做非常扎实的东西。这些东西比象牙塔里的东西可靠得多。

就像联大教授、英国诗人燕卜荪所说的那样，迁徙云南对于社会学者来说，不是落魄的流亡，而是上天的恩赐。事实上，天上掉馅饼的事情很快就来了。

为了加强对边疆地区的军政控制，促进贸易发展，龙云在 1941 年提出修建从石屏到佛海的石佛铁路，并委请南开大学对铁路沿线的民族分布、社会经济和语言文化进行调查。南开大学为此设立了边疆人文研究室，聘请陶云逵为研究室主任。

在"抗战期间，一切从简"的自我约束中，边疆人文研究室迅速完成招兵买马。他们没有任何办公设施，要到一年以后才能拥有自己的办公场所。由于在昆明租不起房子，陶云逵把妻儿安顿在昆明附近的呈贡，自己每天坐滇越火车上下班。

【陶云逵】

我们要埋头苦干十年八年，总可以干出些成绩来。云南这块研究人类学的好地方，就是我们的天下。

1942 年 7 月，陶云逵带领一支由五人组成、平均年龄不到三十岁的队伍出发了。这将是一次成果丰硕的调查，同时，他们也将付出沉重的代价。

【边疆人文研究室 邢公畹】

我们的调查工作,自然也并不完全是一种愉快的事情。我们要同行旅的艰难做斗争,要同各种各样的热带病做斗争,有时还难免要同土匪交手。

在思茅、车佛一带,陶云逵看到当地人民由于无法忍受兵匪骚扰,不得不逃离家乡。田地荒弃,十室九空,引发了他对边疆问题的担忧。

【陶云逵】

不来边荒不知边疆问题之严重。无论从学术,从实际政治,边疆工作实不容缓。

陶云逵

【采访南开大学历史学院副研究员 李少龙】
　　他有文化的终极关怀,从文化上和从经济上,一些建议上帮助政府去让这些地方发展的一个非常迫切的心态。

当陶云逵在为边疆问题忧虑时,他的学生黎国彬却在为自己的生命担心。在车里,也就是今天的景洪,黎国彬被当地政府军抓住,险些执行枪决。

疾病是更可怕的敌人。疟疾、霍乱、斑疹伤寒肆虐成灾。

陶云逵田野调查中

【边疆人文研究室 黎国彬】
　　在磨沙这个危险的地方,半个月中,就有35人死于斑疹伤寒,十多人死于霍乱和疟疾等疾病。一个六口之家……儿子在晚上8点死了,父亲2个小时后也去世,母亲在黎明时死了,姨妈第二天上午9点也死了。全村一片惶恐。姨妈的丈夫疯了,锁上门狂叫着跑出村子,跳进红河,一去不复返。

刚从兵匪枪口下逃出来的黎国彬没有躲过霍乱的袭击。在给陶云逵的信中,他表达出的对工作的焦虑超过了身体正在承受的痛苦。

【边疆人文研究室 黎国彬】
　　夜里突然发烧,不久便似五脏六腑往外倾冒,接着便是一片黑暗……余无法行路,但很想工作。余真不知道如何是好。

1943年5月,这趟为期十个月的考察结束。三个月后,一份调查报告放在了张伯苓的书桌上。

　　寄来之语言研究工作报告阅悉。内容翔实,蔚为大观。尚望继续努力,俾能对于我国文化多有贡献。
　　　　　　　　　　　　　——西南联大校常委张伯苓

【采访南开大学历史学院副研究员 李少龙】
　　陶先生他们的学术成果对云南省的宝贵之处在于,他告诉你当时云南是什么样子。他走过的地方,随着他将来研究的推进和成果的发布,这个效果能达到。至于我们怎么去评价这个东西,我觉得是个良心账,学术永远是良心账,有它客观的一个科学基础,这是毋庸置疑的。

这是我国第一次大规模、长时间的专项少数民族综合调查,所得到的大批研究成果让边疆人文研究室在人类学和民族学领域声名鹊起。

西南联大

与此同时，西南联大在云南进行了广泛的调查研究，为这片偏远而丰饶的土地进行了一次细致周密的梳理。

【采访云南民族大学教授 谢本书】
对云南的气候、云南的矿产、云南的植被，他们都进行了调查，这为云南的社会和自然状态的调查，对云南后来的经济发展，积累了相当多的资料，对云南后来的发展，也起了非常重要的作用。

而云南也为西南联大这棵桢干大树提供了肥沃的生长土壤。

【采访云南省档案馆副研究员 和丽琨】
从它的自然科学方面，我们工业、农业，我们的这些企业都给我们联大的一些科学实验，一些技术改良提供了非常好的一些实验的场所，

边疆人文研究室成员

一些实验的土壤，从社会学的方面研究，提供了一些少数民族，一些人文的素材。

1943年9月，陶云逵收到一封邀请信。中山大学愿意提供每月3000元的酬劳，邀请他去授课，被陶云逵婉拒。在此之前，他刚刚失去了一个孩子。这一年的年底，他自己也染病不起。贫困让他没能得到及时有效的治疗。

1944年1月26日，刚刚从一场差点夺去性命的伤寒里恢复过来的西南联大教授冯文潜，四次前往云南大学医院看望陶云逵：第一次在早饭之后，陶云逵"尚能认人"；第二次，午后，"云逵目已失反射作用"；第三次，下午4点，"知为瞬间事"；第四次，下午6点，"云逵已于五时三十五分长逝矣"。

【冯文潜日记】

生与死之间的距离本来就不太辽远。等到一个人病倒时似乎这距离就更近了些。当我病时，高烧得不可耐时，也曾想到死，死后未了的事。其中之一便是边疆人文调查及研究的工作如何安排，如何整个的交代给云逵，使这工作能接续下去。谁想到他倒向我交代了！你们都知道这点小小的研究调查工作的产生是不容易的。生前的阻挠，生后的摧残，像我在云逵死后向室中同人说的，什么打击我都搪过，对于什么打击都有个还击。可是今日这样的打击——云逵的死，我并未料到。能搪过去吗？我有这个心，果能搪过去吗？

【西南联大教授 曾昭抡】

此等学者，死去不需一秒钟，再生产一位，却要几十年。

【采访南开大学历史学院副研究员 李少龙】

我从来不认为，我没有见过陶云逵先生，这就阻碍了我和他的交流或者我对他价值的判断，我觉得我没有这个想法。在研究云南历史、或者说在研究南开校史的时候，它算一个缺憾。但是如果我们反过来讲，美学上有一个有名的定律,叫悲剧的冲动。陶云逵英年早逝,留下的个人记录也不多,但你去好好研究他的学术成果,你会发现,这些比他的形象重要得多。他真正形象就在他的学术成果里。

【社会学家 费孝通】
生活要丰富就得有一个可以时常找到和自己不同见解的人在一起,这样才能引得起内心的矛盾,有矛盾,才有新的创造。他是我的畏友,我爱找他谈,就因为我们不会在离开时和见面时完全一样,不会没有一点新的领悟,不会没有一点新的烦恼。

西南联大的到来让越来越多的云南学子得到更好的学习机会。1938年8月初,西南联大奉教育部命令增设师范学院。

【采访云南师范大学教授 吴宝璋】
因为云南这个省份,这个边疆省份,资源非常丰富,但是经济很落后,大家总结原因就是缺乏人才。缺乏人才主要是教育的落后,教育的落后就在于师资非常匮乏,所以这个是有针对性地设立了师范学院。

【西南联大教授 黄钰生】
蒋梦麟先生找我谈话说,校常委会希望我担任联大师范学院院长……经过一番筹备,师范学院于1938年12月正式上课……师院的学生来源诸多,而云南籍学生似多一些。

1940年11月,西南联大师范学院又增设附属学校。附属小学有六个年级,附属初中有三个年级。

【采访西南联大机械系学生 中科院院士 王希季 96岁】
当地很大一部分就是开明的,中产阶级吧,就是开明的一些人士,包括一些政府官员,比较开明的,都把子女送到这儿来,送到联大附中来念。

第五章·嘉荫长留

【黄钰生】

除了担任西南联大师范学院院长之外,我还兼任附中、附小的主任。它们是我的得意之作,我把南开中学教学与管理的那一套移植到附中去,我把蔡元培兼容并包的精神,贯注到人事中去。

【采访西南联大图书馆馆长唐贯方之子　唐绍明 87 岁】

他说我办学最重要一点就是师资,只有好老师才能教出好学生。教我的几何的是杨振宁,教我代数的是王浩,教我语文的是任继愈。

他说学生啊就像花骨朵,你这么一处分他,犯了错误一处分他一批评他,一弄,就蔫巴了,这词儿是他用的,蔫巴了。

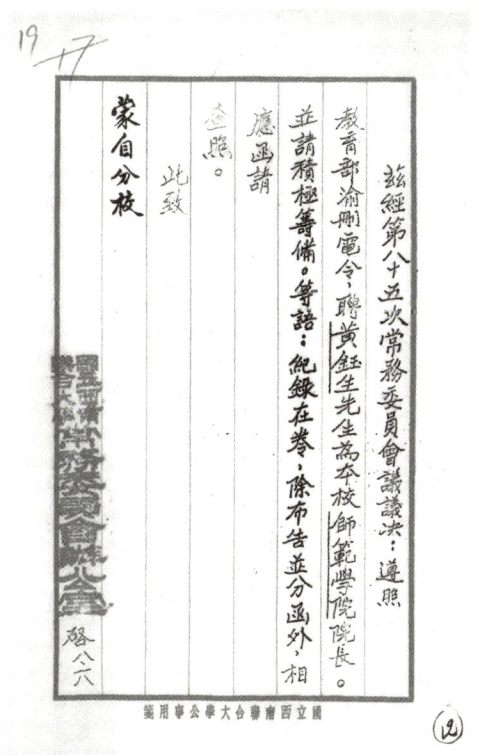

西南联大常务委员会第八十五次常委会会议记录:聘黄钰生先生为师范学院院长

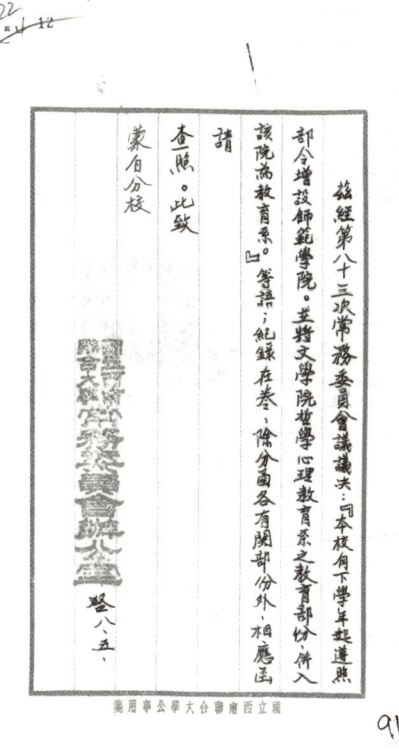

西南联大遵教育部令增设师范学院

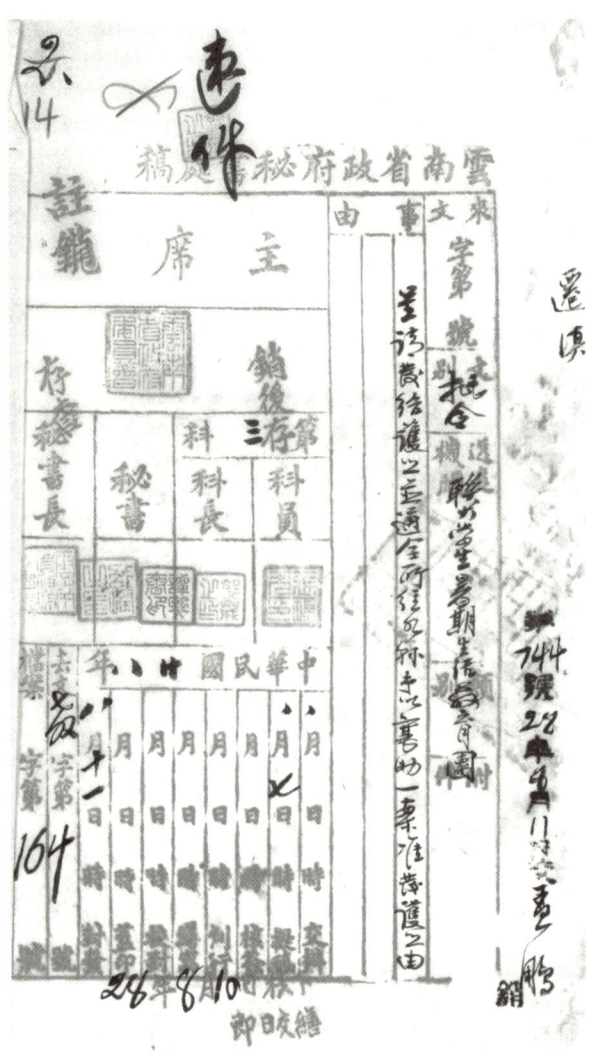

云南省政府核发西南联大师范学院学生暑期生活教育团
赴迤南宣传抗战护照

【黄钰生】

本校同人不敢希冀培植天才，但不践踏天才。有一件东西，我们当作嫩芽看待，那就是儿童的兴趣。本校同人对于儿童个人兴趣必须小心翼翼地培植灌溉。世界对于儿童，总是新鲜。

第五章 · 嘉荫长留

为纪念西南联大结束和昆明师范学院成立，师生举行联欢活动，这是联欢活动后的纪念照

联大师生在昆明等地办起很多所补习学校，为失学青年补课。图为联大学生在蒙自所办民众夜校的师生合影

【采访云南省档案馆副研究员 和丽琨】

　　这两所学校到现在为止,都是我们云南最好的中学和最好的小学。当时联大举办这两所学校的时候它起点非常高,它先进的教学理念、高水平的教学质量和科学的管理模式,就一直延续到现在为止。

【采访西南联大化学系学生 希望工程20年特殊贡献获奖者 关英 94岁】

　　我曾经到国外我女儿那儿探亲,所以半年的工资就一直攒在那儿,最后就有五六千块钱。我就有了本钱,是不是发动建立一所希望小学。一开始想建一所,但是筹到的捐款呢,能够建四所,四所都在云南。因为我要纪念我的母校。我觉得西南联大对我的教育,对我的一生还是很有影响的。

　　我们西南联大在昆明,所以我们对云南的感情特别深。三十二所希望小学,云南占了六七所。我很满意,为什么呢?那所学校已经发展了,比较大了。就只有一栋楼是我们捐的,那么他们已经建了好多新的。所以相对来讲,我这个楼已经很不起眼了吧。

【黄钰生】

　　嗅着花香,看着花色,便想到在这儿有个花圃,里面培养着中国最宝贵的花朵。

　　1946年5月,西南联大完成战时临时大学的使命,离开昆明,北返平津。为答谢云南人民的厚爱,西南联大将师范学院留在了昆明独立办学。在当年西南联大校本部的区域,建立昆明师范学院,这就是云南师范大学的前身。1985年,云南师范大学建立西南联大博物馆,将当年西南联大留下的旧址进行维护,永久保留。

【采访西南联大博物馆馆长 李红英】

　　我在这个地方工作18年当中,我见到过分散在世界各地的校友都会来这个故园来寻根。是一种什么样的情愫去牵引他们要回到这个地方?

第五章·嘉荫长留

1946年7月，联大宣告结束。8月，联大师院留昆改称昆明师范学院。1946年8月，联大复员北上的部分同学抵上海，再乘轮船北上。图为部分同学出发前在甲板上合影

【采访西南联大社会学系学生　全国人大常委会原副委员长　彭珮云 89岁】

　　整个联大充满了民主、开放、活跃、向上的气氛。对我来讲，一切都是新鲜的，都是具有很大的吸引力。联大的爱国、民主、科学的精神，是不朽的，是应该很好地传承的。

【采访西南联大博物馆馆长　李红英】

　　因为西南联大它的的确确是连接到了我们当今的政治经济历史文化的方方面面，它是鲜活的，赓续了一个民族的文化血脉，是一代中华民族精神在非常时期的一种具象化的体现。这个也是咱们中华民族文化当中，我觉得最为有魅力的地方。

西南联大

离滇之时，西南联大在校园里立下了一块石碑。石碑的一面，镌刻着抗战从军的西南联大学生名单；另一面，是冯友兰撰写的西南联合大学纪念碑碑文。

【国立西南联合大学纪念碑碑文　冯友兰撰】

唯我国家，亘古亘今，亦新亦旧。旷代之伟业，八年之抗战已开其规模、立其基础。今日之胜利，于我国家有旋乾转坤之功，而联合大学之使命，与抗战相终始。

万物并育而不相害，天道并行而不相悖，小德川流，大德敦化，此天地之所以为大。斯虽先民之恒言，实为民主之真谛。联合大学以其兼容并包之精神，转移社会一时之风气，内树学术自由之规模，外来民主堡垒之称号。

联合大学之终始，岂非一代之盛事，旷百世而难遇者哉！